D1718363

Manual de traducción

Alemán / Castellano

Anna Maria Rossell Ibern

Serie
Práctica, Universitaria y Técnica

Obras publicadas por Editorial Gedisa

Manuales
de traducción

Francés / Castellano
por Mercedes Tricás Preckler

Inglés / Castellano (de próxima aparición)
por Juan Gabriel López Guix
y Jacqueline Minett Wilkinson

Alemán / Castellano
por Anna Maria Rossell Ibern

Manual de traducción

Alemán / Castellano

por

Anna Maria Rossell Ibern

Primera edición, Barcelona, España, 1996

Diseño de cubierta: Marc Valls

Derechos reservados para todas las ediciones en castellano

© by Editorial Gedisa S.A.
Muntaner, 460, entlo., 1ª
Tel. 201 60 00
08006 - Barcelona, España

ISBN: 84-7432-553-6
Depósito legal: B-18.748&1996

Impreso en Libergraf
Constitució, 19 - 08014 Barcelona

Impreso en España
Printed in Spain

INDICE

Prólogo

Los traductores no son infalibles. Son muchas las razones de este fenómeno, pero es cierto que quienes se dedican a la tarea de la traducción corren el riesgo de incurrir en una serie de vicios y errores—algunos debidos al mero hecho de traducir; otros, a las lenguas de trabajo— que sería posible evitar si se tomara plena conciencia de ellos. Una reflexión sobre el análisis y la interpretación del texto que debe traducirse permite solventar muchos de estos errores y sistematizar los más habituales, y ésta es una de las características innovadoras de la serie que presentamos. Así pues, estos manuales pretenden llenar el vacío existente en este sentido en la enseñanza de la práctica de la traducción.

Aprender a traducir sólo a partir de la teoría es una tarea imposible; por ello, esta colección se basa en ejemplos recogidos de la enseñanza de esta disciplina y de textos publicados. La concepción de estos manuales que presentamos parte pues de estas dos premisas: del análisis de los errores y vicios de estilo, por un lado, y de una reflexión más general sobre la práctica traductora, por otro. También por este motivo sus autores son profesores universitarios de reconocido prestigio tanto en el campo de la traducción como en el de la enseñanza de esta disciplina.

Nuestro trabajo va dirigido fundamentalmente a todos aquellos que en un futuro quieran ser traductores, a los profesionales y a quienes deban superar cualquier prueba de traducción (entidades privadas, intérpretes jurados, organismos internacionales: ONU, Unión Europea, etc.). La comparación directa de los aspectos morfológicos, léxicos y textuales entre dos lenguas permite poner de manifiesto los puntos de coincidencia y divergencia entre las mismas. Por ello estos manuales pueden ser también de gran utilidad para los estudiantes de las correspondientes lenguas, ya que aquí se recogen aquellos aspectos que habitualmente quedan excluidos en la enseñanza de idiomas.

José Luis Sánchez González
Coordinador

Introducción

Si logramos tomar conciencia de los factores que inciden en el proceso de la traducción y, sobre todo, si conseguimos descubrir los mecanismos que se ponen en marcha en él, con toda seguridad lograremos prevenirnos mejor de los errores en que incurrimos habitualmente. No es éste desde luego un propósito sencillo, ni alcanzable, en el sentido de que no podemos controlar todos aquellos factores ni sopesar en su justa medida el predominio de unos sobre otros. Sin embargo, el estudio de los textos traducidos, que pone de manifiesto la regularidad con que se repiten ciertos vicios al traducir, invita a una reflexión sobre sus posibles causas.

Con este manual me he propuesto la tarea de clasificar por tipos algunos de los casos de errores que se presentan en la traducción de textos alemanes al castellano. Sin embargo, no creo que el defecto en una determinada versión castellana pueda justificarse siempre a través del original alemán —no siempre son evidentes los *contagios* de una lengua a otra—, sino que muy a menudo he llegado a la conclusión de que hay que buscar en el mero hecho de traducir la explicación de muchas de las incorrecciones o de las versiones poco elegantes que se producen. Esta es la causa de que la denominación de los *tipos de errores* no remita siempre al texto original alemán, sino a menudo a la versión traducida, ya que para su clasificación me he regido por los dos criterios, según el caso. No obstante, para que los lectores puedan juzgar por sí mismos y por razones de coherencia metodológica, adjunto sistemáticamente ambos textos, el original y su correspondiente traducción, con el fin de que puedan cotejarse.

Para llevar a cabo la clasificación me he basado en traducciones publicadas sobre temas diversos y en textos de diferente índole, evitando que el grado de especificidad temática o textual pudiera introducir en el catálogo *tipos de errores* característicos sobre todo de determinados textos y quitarle a este compendio el carácter general que pretende tener.

Asimismo, para asegurar que los problemas clasificados no se deben a tendencias personales de un traductor específico, sino que son inherentes en general a la actividad de traducir, he elegido traducciones de indiscutible calidad y seleccionado ejemplos de errores habituales en distintas fuentes.

El manual persigue el fin de sensibilizar sobre un buen número de aspectos problemáticos en la traducción del alemán al castellano y, de este modo, prevenirlos. Habrá conseguido su objetivo si con ello facilita en alguna medida la tarea tanto del aprendiz como del profesional.

Capítulo primero

La operación traductora. Valoración global de sus dificultades

1.1.   ¿Qué significa traducir?

Todo aquel que haya intentado siquiera una sola vez ejercer de traductor sabe que esta actividad no es tarea fácil. Incluso el lego en la materia, si tiene alguna sensibilidad lingüística, puede hacerse una vaga idea del grado de dificultad que ello implica imaginando por un momento que ha de sustituir algunos vocablos o expresiones por otros sinónimos en un texto redactado en su propia lengua. Y esto le permitiría únicamente imaginar una mínima parte de la problemática. ¿Pero dónde radica tanta dificultad?

La respuesta, desde luego, es múltiple. Además de la que plantea la consabida competencia lingüística, otra gran fuente de problemas la constituyen los muchos factores que el traductor debe tener en cuenta y las muchas decisiones que tiene que tomar en relación con los mismos y en función de la idea personal que tenga de entender la traducción.

Cuando nos enfrentamos a un texto con el objetivo de traducirlo, no nos ocupamos única y exclusivamente de descifrar lo que dice la letra en un sentido estricto. Esto solo no sería suficiente para asegurar una completa comprensión. Como lector minucioso e intérprete que es, el traductor debe ser consciente de que hay otras cuestiones que ha de considerar, como por ejemplo ¿quién es el autor?, ¿cuándo y dónde fue escrito el texto?, ¿qué intención persigue?, ¿a quién o a quienes va o iba dirigido?, ¿cuál es el tema?, ¿de qué tipo de texto se trata? Todas estas preguntas deben acompañar a las que se refieren estrictamente a lo que he denominado la letra del texto: ¿qué tipo de léxico y de estructuras sintácticas lo caracterizan?, ¿cómo es el estilo?, ¿de qué registro o registros se trata: coloquial, científico, periodístico, técnico, etc.?

Muchas de las respuestas a estas preguntas nos las proporciona el propio nivel formal del texto; es decir, a través del léxico y de la sintaxis podemos obtener información acerca del destinatario, de la intención que el autor persigue, de la época y hasta del lugar en que ha sido escrito, etc., pero es importante saber que es obligado plantearse estas cuestiones antes de abordar la traducción, porque son decisivas para la comprensión global del texto y porque habrá que verter a la lengua terminal las consiguientes correspondencias.

Sin embargo, en ocasiones al traductor le es necesaria una información que no se refleja directamente en el texto de partida, pero que resulta esencial para colocar el conjunto de la traducción en el ambiente adecuado y lograr en la lengua terminal el mismo efecto que produjo en sus lectores la versión original. Pensemos por un momento en el caso siguiente: cuando al describir una situación se dice de alguien que está cantando *Fußball ist unser Leben*, para poder entenderlo no es suficiente transcribir *nuestra vida es el fútbol* o *el fútbol lo es todo para nosotros*, sino que es necesario saber que se trata del primer verso de una estrofa del himno de un equipo de fútbol alemán de segunda división, y saber esto es a su vez necesario para tomar una decisión con respecto a la traducción castellana por la que se opte; probablemente se pensará en el himno de un equipo comparable en el contexto castellano. Además de cumplir con los requisitos arriba mencionados, es pues indispensable que el traductor sea buen conocedor de las realidades socioculturales de las respectivas comunidades lingüísticas de las que se ocupe.

En la primera fase de su trabajo, el papel del traductor es similar al de cualquier otro lector, ya que aquél, al igual que éste, se enfrenta a un texto, cuyo significado tiene que desentrañar para sí. En este sentido, el traductor es un receptor. Sin embargo, al entender lo que ha leído no se agota su función. Su papel empieza a ser diferente desde el momento en que sabe que tiene que verter a otra lengua lo que ha leído, con los mismos efectos para los lectores de la otra comunidad lingüística. Es entonces cuando empieza a parecerse a un creador. Pero también de éste le distingue el hecho de que el traductor no es completamente libre, sino que el producto de su creación está muy condicionado. Este condicionamiento es a la vez consciente e inconsciente. Consciente, porque el traductor tendrá que decidir cuáles son las mejores equivalencias —no solamente lingüísticas— e inconsciente, porque el traductor está sometido a múltiples interferencias de diversa naturaleza, cuyo control escapa a menudo a su voluntad.

Resulta obvio que para estar en condiciones de traducir bien hay que tener muy buen dominio, al menos pasivo, de la lengua original y manejarse con artística maestría en la lengua terminal, tanto en su vertiente pasiva como en la activa. Sin embargo, esto no es todo ni mucho menos: una vez concluida la interpretación, hay que tomar múltiples decisiones para establecer las correspondientes equivalencias y, además, hay que saberlas verter correctamente a la lengua terminal. Lo que antes se requería para la justa comprensión en la fase de la recepción es necesario ahora en la de la producción: quien traduce debe manejar con soltura en la lengua de llegada los diferentes registros (variedades del idioma), es decir, en función de las circunstancias y de los interlocutores, no expresará las cosas de la misma manera.

Como vemos, en cierta medida, el traductor —una vez analizado y comprendido el texto— se encuentra en una situación parecida a la del autor. Por supuesto que éste habrá de saber desenvolverse en su lengua con la madurez que exige una buena redacción y que se habrá planteado qué tipo de texto quiere producir y quién va a ser su destinatario. En este sentido, en el de la parte que le toca de la autoría, el traductor está a merced de las mismas veleidades que pueden acometer a cualquier autor. Es decir, los errores o vicios en que incurra en la formulación pueden provenir de los problemas que en sí plantea la producción de un texto, no ya por el hecho de que se trate de un texto traducido, sino por las posibles inconsistencias inherentes a cualquier redacción en su lengua original. Sin embargo, para el traductor no se agotan aquí las dificultades, puesto que, si bien éste es redactor de un texto, lo es además de un texto traducido, y traducido por añadidura a partir de una lengua determinada, que probablemente condicionará el tipo de hábitos que se adquieran al redactar en la lengua terminal. De manera que —dejando al margen aquellos factores que no podemos considerar aquí por tratarse de cuestiones puramente subjetivas, como el estilo personal del traductor o todo aquello que pueda derivarse de su particular estado de ánimo— son cuatro, a mi modo de ver, las grandes fuentes de interferencia con que se confronta el traductor: la que puede originarse en el momento de la comprensión del texto como producto de un malentendido, la que proviene del hecho en sí de redactar un texto en su propia lengua, la que se genera al abordar la tarea de traducir —esto es, de pasar de un código lingüístico y cultural a otro diferente, sea cual sea la lengua original— y la que resulta de traducir específicamente de una lengua original y no de otra. Los últimos tres momentos, claro está, no se suceden el uno al otro, no se dan por separado, sino que coexisten y se entremezclan, de modo que la dificultad, para quien se propone reflexionar sobre ellos, estriba precisamente en cómo deslindarlos.

En todo caso, el traductor se asemeja a una especie de mago, que maneja una amplia gama de ingredientes para elaborar su pócima, algunos de los cuales, al ser mezclados, implican un considerable riesgo de enturbiar el resultado final. De modo que puede ocurrir con facilidad que lo que se obtenga como producto no sea ya otro texto en la lengua terminal, sino en un extraño híbrido, en una tercera lengua.

1.2.   La tercera lengua

> *Translating consists in producing in the receptor language the closest natural equivalent to the message of the source language, first in meaning and secondly in style.*
>
> (E. A. Nida, *Principles of Translation as Exemplified by Bible Translating*)[1]

---

1. E. A. Nida, *Principles of Translation as Exemplified by Bible Translating*, en R. A. Brower, comp., *On Translation*, Oxford University Press, Nueva York, 1966, p. 19.

Cuando decimos que una traducción es mala podemos estarnos refiriendo tanto a que el traductor no ha comprendido bien el texto original y, por consiguiente, ha alterado involuntariamente más o menos el sentido de la traducción, como al hecho de que ha entendido perfectamente la idea, pero no ha sabido expresarla adecuadamente en la otra lengua.

Distinguir entre la estructura superficial (nivel formal) y la profunda (nivel semántico) de la lengua es indispensable, si bien no siempre es tan simple precisar esta distinción, en función del tipo de texto de que se trate. En el caso extremo de un texto literario, ambos niveles pueden llegar a estar íntimamente unidos hasta el punto de que muy a menudo puede afirmarse que el sentido no sería el mismo si se alterara la forma de expresarlo. Por ello, la traducción literaria requiere unas sutilezas aún mayores que las que ya he intentado enumerar sinópticamente al referirme a las dificultades que implica el proceso traslatorio en general.

Al margen de tales sutilezas, nos ocurre a menudo que, cuando leemos un texto traducido a nuestra lengua materna, tenemos una extraña sensación que hace incómoda la lectura, aunque no sabemos en qué consiste exactamente. No se trata de que no consigamos entender el contenido, ni siquiera de que tengamos la más mínima dificultad en entenderlo. Simplemente decimos que «suena mal». Lo más probable es pues que se trate de lo que llamamos la *tercera lengua*. Fijémonos por ejemplo en el siguiente texto extraído de un folleto informativo de las instrucciones de uso de una maquinilla de afeitar, del capítulo titulado «Condiciones de garantía»:

La garantía abarca solamente la reparación gratuita o el trueque del aparato los cuales se ejecutarán según nuestro parecer o sea por... o por una tienda de servicio autorizada...

Se excluyen de la garantía todos los daños de las partes cortadoras así como los daños que resultan de un uso incorrecto (p. ej. conexión a una corriente / tensión inadecuada).

El plazo de garantía no es influido por prestaciones de servicio eventuales. Al terminarse el plazo según el punto 1 expira también la garantía para las partes o aparatos de recambio.

Probablemente lo mejor sería replantear de nuevo toda la redacción de arriba abajo:

> *La garantía cubre solamente los gastos de reparación o el cambio del aparato por otro nuevo. Esta empresa se reserva el derecho de decidir si se hace cargo de los desperfectos o si delega la responsabilidad en un taller de servicio autorizado.*

> *La garantía no cubre los posibles desperfectos de los accesorios de afeitar ni los que resulten como consecuencia del mal uso del aparato (p. ej. conexión a una corriente inadecuada).*

> *El plazo de garantía hace referencia al aparato completo, incluidos los accesorios, según lo señalado en el punto 1, con independencia del posible uso del servicio de garantía que se haya hecho para las distintas piezas del mismo.*

¿Por qué razón se produce esta *tercera lengua*? Lo primero que pudiéramos pensar es que quien ha traducido el texto no tiene suficiente dominio de la lengua terminal. Sin embargo, no siempre es esta la explicación ni mucho menos: al estar cotejando constantemente estructuras y palabras de dos sistemas lingüísticos diferentes pueden producirse, con mayor facilidad que si pensáramos directa y únicamente en nuestra propia lengua, colapsos o interrupciones en el hilo del pensamiento, que se manifiestan formalmente en incoherencias sintácticas y semánticas o en defectos estilísticos.

A menudo las estructuras sintácticas resultan enormemente forzadas porque la lengua de partida dirige nuestra concepción con demasiada fuerza desde el primer momento. Es éste un fenómeno muy frecuente que se pone de manifiesto cuando, para poner un ejemplo simple y breve, alguien traduce *wie geht's dir?* por *¿cómo te va?* en lugar de *¿cómo estás?* o *¿cómo te encuentras?*, según la situación de que se trate, y teniendo como destinatario el público de España. En este caso es la propia estructura sintáctica y el léxico de la lengua inicial la que parece haber determinado decisivamente la traducción.

En otras ocasiones es la morfología de la palabra de la lengua de partida la que nos condiciona, como pudiera ser el caso cuando se establece una correspondencia entre *Einbildungskraft* y *capa-*

cidad imaginativa o *fuerza imaginativa*, en vez de traducirla simplemente por *imaginación*, o *Fachhochschule für Informatik* por *Escuela Universitaria especializada en Informática*, en vez de adoptar la fórmula mucho más concisa y genuina en castellano *Escuela Superior de Informática*.

A veces es el grado de atención que reclama una palabra del texto original, por los problemas que ella sola nos depara, la que determina nuestra redacción, provocando que le coloquemos lo que podríamos llamar una *camisa de fuerza*. Este pudiera ser el caso si tradujéramos el título del libro *Deutsche Literatur in Schlaglichtern* por algo así como *La literatura alemana en instantáneas*, cuando seguramente conseguiríamos transmitir mejor el cúmulo de ideas que se reflejan en la fórmula original si dijéramos en castellano *Sinopsis de la literatura alemana*.

¿Y qué es lo que ha ocurrido cuando leemos en un artículo periodístico que tal o cual empresa *ha puesto de patitas en la calle a cincuenta trabajadores de su plantilla*? Aquí se ha producido un cambio brusco en el registro al infiltrarse la expresión familiar *de patitas en la calle* en el lenguaje menos dado a franquezas propio del periodismo.

Son múltiples las posibles causas de esta *tercera lengua* y es muy difícil intuir siquiera la explicación de muchas de ellas. Sin embargo, es la *tercera lengua* la que con frecuencia nos permite afirmar, sin dudarlo ni un momento, que un texto es una traducción, y a veces incluso identificar sin mayor esfuerzo la lengua a partir de la cual ha sido traducido. Algo similar nos ocurre en ocasiones cuando escuchamos a los periodistas corresponsales en el extranjero de una emisora de radio, de la televisión o de una publicación periódica, o leemos alguno de sus artículos: aunque no se trata de traducciones, puesto que las noticias han sido formuladas directamente en castellano, la lengua del país en el que viven gana la partida en algún momento y se produce una interferencia, de modo que podemos aventurar la procedencia de la emisión sin correr gran riesgo de equivocarnos.

No existe, desde luego, una única buena traducción. La versión que escojamos también dependerá inevitablemente de nuestro gusto personal; pero, aunque sean varias las posibilidades, todas las variantes deben estar exentas de esa rigidez, de ese rebuscamiento o de esa falta de naturalidad que con demasiada frecuencia le confiere la influencia de la lengua del texto original. El distanciamiento —ya nos lo enseñó Bertolt Brecht para el teatro— es necesario para poner de manifiesto la extrañeza de aquello que la rutina ha conseguido hacernos familiar; así el traductor, una vez concluido su trabajo, debe dejarlo reposar, para releerlo más tarde; es decir, debe distanciarse de él para perder la familiaridad con esta _tercera lengua_ que el contacto diario con su propio texto le ha procurado. Solamente si se distancia de su texto conseguirá percibirla y corregirla.

1.3.   ¿Por qué una versión y no otra?

En muchos momentos, la decisión que tomemos en el sentido de preferir una versión a otra o de presentar nuestro texto de un modo y no de otro dependerá de factores ajenos a nuestro gusto personal; por ejemplo, del tipo de texto de que se trate, del objetivo que se persiga o del público al que vaya dirigido. Si trabajamos en una novela, resolveremos algunos de los problemas que se nos plantean de una manera diferente que si lo hacemos en un libro de crítica literaria, en un texto de tipo técnico o en un manual de antropología y, además, consideraremos también si es de divulgación o si está concebido para especialistas.

Por ejemplo, en una novela policíaca intentaremos evitar las notas a pie de página, por razones obvias: interrumpir el hilo de la lectura para aclarar un término o una situación allí descrita contradice el espíritu de este género literario, cuyo objetivo es captar al máximo la atención del lector hasta el punto de sumergirlo plenamente en el caso que se relata. Sin embargo, no cabe la menor duda de que a veces es enormemente difícil evitarlo. Veamos el problema que nos plantea el ejemplo siguiente:

Ich zog die Tür vom Kleiderschrank auf und begann, ihre Klamotten durch das Zimmer zu schmeißen. Hanna Hecht wurde weiß. Ihre

Augen funkelten mich an; eine Katze, bereit zum Sprung.
Nach einer Weile zog ich den letzten Strumpf raus, und der Schrank
war leer. Der Boden sah aus wie ein Wühltisch bei Hertie.

(Jakob Arjouni, *Happy birthday Türke!...*, p. 103)[2]

En este caso, la acción de la novela se desarrolla en Alemania, concretamente en Frankfurt. El lector se siente transportado a otro país: se encuentra en otro paisaje distinto del suyo y convive con gentes de costumbres culturales diferentes. Este efecto de lejanía, en sí, no tiene por qué causar problema alguno; al contrario, incluso puede añadir más emoción a la historia. La dificultad se presenta para el traductor cuando se ve ante la necesidad de ser coherente con esta ambientación, al tiempo que tiene que asegurar la buena comprensión y transportar, sano y salvo, a su público el golpe de efecto que surte el correspondiente pasaje en el texto original. En el ejemplo de arriba, el problema reside fundamentalmente en que hay que explicar que *Hertie* es en Alemania una cadena de grandes almacenes muy popular. Claro está, una explicación de estas características a pie de página documenta al lector, pero la chispa del texto desaparece. Una alternativa sería probablemente sustituir *Hertie* por *El Corte Inglés* o por el nombre correspondiente del país latinoamericano a cuyos lectores fuera dirigida la novela, pero esto probablemente resultaría muy extraño en una trama que está completamente fuera del contexto español o latinoamericano. A todas las soluciones podemos ponerles una objeción, pero en el caso al que me refiero, seguramente lo mejor será optar por dejarlo igual, esperando que unos lo conozcan y los demás lo deduzcan del contexto. Evidentemente, se podrá concluir que se trata de una tienda popular, máxime de una tienda donde a menudo se ofrecen productos a precio de oportunidades, pero alguna de sus connotaciones se perderá inevitablemente. Esta sería una posible versión:

Abrí la puerta del armario ropero y empecé a hacer volar su ropa por
toda la habitación. Hanna Hecht se puso lívida. Me fulminó con la

2. Citado en: A. Duff, *The third language. Recurrent problems of translation into English*, Pergamon Press, Oxford, 1984, p. 9.

mirada, como una gata preparada para saltar. Al cabo de un rato saqué la última media y el armario quedó vacío. El suelo parecía un mostrador de la sección de oportunidades de Hertie.

Sin embargo, éste es sólo un ejemplo de solución relativamente sencilla. En la misma novela (p. 94) se nos presentan pasajes de problemática mayor:

> *«Wartest du bis Rudi Feierabend hat?»*
> *«Muß man ihn kennen, den Rudi?»*
> ...
> *«Kommt ganz drauf an.»*
> *«Rudi ist der Kellner, bei dem sie den Hals vergessen haben?»*
> *«Zum Anbeißen, was?»*
> *«Doch, er hat was.»*
> *«Mhmm, kneifts schon?»*
> *«Hab* Schießer-Unterhosen, *die halten was aus.»*
> ...

En esta ocasión se trata de una marca específica de calzoncillos que se jacta de ser de buena calidad y, por lo tanto, resistente. ¿Qué hacer? No se puede esperar que el lector esté informado de ello. ¿Hay que optar por una marca conocida en el país donde vaya a publicarse la novela? Por ejemplo, si se tratara de España:

> *«¿Estás esperando a que Rudi acabe su turno?»*
> *«¿Es un tipo importante ese tal Rudi?»*
> ...
> *«Según se mire.»*
> *«¿Rudi es el camarero ese sin cuello?»*
> *«¿Está para comérselo, ¿no?»*
> *«Sí, tiene un nosequé.»*
> *«¡Qué!, ¿te aprietan ya?»*
> *«Llevo* calzoncillos de marca, *aguantan lo que les echen.»*
> *(«Llevo unos* Jim, *aguantan lo que les echen.»)*

Es evidente que, si adoptamos el primer criterio, la fina ironía que se desprende del texto contra los juegos del lenguaje publicitario desaparece. Si mencionamos la marca, el juego con el lenguaje publicitario se mantiene. Además, la familiaridad que proporciona la mención directa de una marca conocida ejerce sobre el lector un poder de atracción inmediato que le sumerje automáticamente en la situación descrita. Si a estas reflexiones añadimos el hecho de que la publicidad juega un papel importante en toda la novela en el sentido al que acabo de referirme, probablemente optaremos por adaptar el texto buscando el nombre de la marca adecuada al lector al que vaya dirigida la traducción.

No cabe duda de que al traductor a veces le hace falta valentía, y también es cierto que en la valentía reside con frecuencia la genialidad. Veamos el problema que puede presentarnos Thomas Mann en su novela *Der Erwählte* en la que hace hablar a unos pescadores de una isla próxima a Normandía con el abad de un monasterio de la siguiente manera:

> *Ihr seht wohl, euer Abbot hat sich bitter um euch gesorgt, daß er zum Strande gewallt ist durch Sturm und Regen. Wie geht es euch? Habt ihr denn Fische?»*
> *«Heho, hallo, Herr is noch mal gutgegangen», erwiderten sie.*
> *«Fische? Nee, dat's nun littel bit tau veel verlangt. Wi könn von Lucke seggen, dat uns de Fisch nich hebben, denn dat was Euch 'ne Freise, Herr, un weren Euch coups de vent, da macht Ihr Euch, Herr, keen Einbildung von. Da mußt immer een Mann die Seen drawen aus dem Boot un de annere mit all sin Macht den Timon holden, un sonst was an keen Ding ein Denken an.»*

> (Thomas Mann, *Der Erwählte...*, p. 57)

Si Thomas Mann pone en boca de los pescadores de una isla del Canal de la Mancha, cercana a Normandía, algo muy parecido al bajo alemán, ¿por qué no hacerles hablar por ejemplo en gallego en la versión castellana? No causaría este contraste un efecto bastante parecido en nuestro lector al que habría producido aquel en el lector alemán, incluso si se trata de un lector latinoamericano? Veamos el paralelismo:

> *Ya veis que vuestro abad ha estado amargamente preocupado por vosotros, y que ha venido a la playa desafiando la tempestad y la lluvia. ¿Cómo estáis? ¿Habéis cogido pescado?*
> *—Eh, olá señor cura, tampouco esta vez nos pasou nada —replica-*

ron ellos— ¿Peixe?, iso si que estaría ben. Xá bastante sorte foi que os peixes non nos pescaran a nós, pois estava o mar mui asañado, un vendaval que nen se imaxina. Un home tiña que estar seguido a botar agua fora, e o outro aferrado ao leme con todas as suas forças; non restava tempo para pensar noutra cousa.

Salta a la vista que difícilmente habrá uniformidad de opinión entre diferentes traductores al respecto de cuál será en cada caso la solución idónea, y que —como en los dos ejemplos de la novela policíaca— a veces, incluso tratándose del mismo traductor, la decisión podrá ser una u otra en función de los criterios a los que haya que atender, pero lo importante es que sepamos qué aspectos debemos tener en cuenta y cuáles pesan más o menos en cada momento para conseguir lo que nos parece más adecuado.

1.4. Dos percepciones diferentes del mundo: ¿entendimiento o malentendido?

> *The artist will tend to see what he paints rather than to paint what he sees.»*
>
> (E. H. Gombrich, *Art and illusion*, cit. en: Alan Duff, *The third language...*)[3]

Que la misma realidad puede verse desde distintas ópticas es algo que todo el mundo sabe. Sin embargo, quizá no nos percatemos tan fácilmente de que no siempre está en nuestras manos escoger los ángulos desde los que contemplamos esta realidad. Un pintor verá el objeto que quiere representar de diferente manera en función del código de interpretación que le sugiera la escuela o la corriente artística en la que esté inmerso. En otras palabras, el código le hace ver la realidad de un modo determinado.

3. Véase la bibliografía relacionada al final.

En el caso que nos ocupa ocurre algo parecido. Cada lengua nos impone su óptica. ¿Estamos seguros de estar transmitiendo lo mismo cuando traducimos el alemán *Weltanschauung* por la versión castellana *concepción del mundo*? ¿No supone otro modo de percibir la realidad el hecho de que el alemán distinga entre *Finger* y *Zehen* donde el castellano no ve más que *dedos*? ¿O que el día se divida entre los alemanes en *Morgen, Vormittag, Mittag, Nachmittag, Abend* y *Nacht* cuando para España y para los países latinoamericanos se reduce a *mañana, tarde* y *noche*? ¿Cubre el mismo campo asociativo *Bericht* que *informe*? Es evidente que las palabras no significan exactamente lo mismo en una lengua que en la otra, que no se superponen una a la otra con precisión y que incluso a veces nos encontramos ante un vacío absoluto por no existir en la comunidad lingüística de la lengua terminal el concepto o el objeto que se pretende traducir. Entonces, ¿cómo traducir lo intraducible; ¿cómo distinguir con la precisión de la lengua alemana entre *Fichte, Tanne, Kiefer, Föhre, Lärche* o *Pinienbaum* con los vocablos *pino* o *abeto*? ¿Qué hacer cuando un grupo de amigos está jugando *Skat*? A nadie puede escapársele que no tiene nada que ver con el *mus*, con el *tute*, con el *guiñote* ni con ningún otro juego de la rica gama que nos ofrece la baraja española. No nos queda otro remedio que reconocer que en toda traducción se pierde algo. Por ello cumple aguzar bien el ingenio para salvar las diferencias, o los vacíos, en la medida de lo posible.

Capítulo segundo

Problemas léxicos

2.1. La importancia de las menudencias: *und, da, aber, auch, in,* etc.

Todos sabemos que, al traducir, buscar las correspondencias léxicas adecuadas presenta problemas a veces considerables. La magnitud de la dificultad que nos plantee encontrarlas dependerá entre otras cosas del conocimiento que tengamos de la terminología específica del tema de que trate el texto, del grado de especialización que éste requiera, etc.; esto es algo de lo que muy pronto nos percatamos, aunque sea breve nuestra experiencia en el campo de· la traducción. Sin embargo, difícilmente nos damos cuenta de hasta qué punto la categoría gramatical de la palabra para la cual buscamos correspondencia puede determinar nuestra elección en la lengua terminal e impedir que demos con la solución más airosa. Así un sustantivo, un adjetivo, un verbo y aun ciertos adverbios se hacen dignos de una consideración más o menos prolongada por nuestra parte. En cambio, difícilmente nos detenemos a reflexionar sobre cuál pueda ser la palabra justa en el caso de las conjunciones o de las preposiciones; para ellas tenemos reservado un juego fijo de correspondencias —en el mejor de los casos jugamos con algún sinónimo— del que nos servimos en el momento preciso de una manera automática. La importancia de las menudencias pasa más desapercibida de lo que debiera en traducción.

¿Por qué razón asociamos directamente el alemán *und* con el *y* castellano? ¿Por qué decimos automáticamente que *aber* significa *pero* o *sin embargo*? ¿Quién no respondería inmediatamente que *auch* coincide con exactitud casi ejemplar con nuestro *también* si un alumno principiante en el aprendizaje del alemán le preguntara al respecto? No cabe duda de que estas palabras, que en traducción nos parecen insignificantes porque su simplicidad nos parece evidente, encierran una variación de matices tan rica en función de su contexto que casi pudiera decirse que bien haremos en desconfiar de lo menudo, porque aquella simplicidad acaba por revelarse como mera apariencia.

La categoría gramatical de la palabra en cuestión facilita probablemente la traducción estandarizada de estas *menudencias* y constituye la razón más poderosa de nuestro descuido; pero otra de las razones radica, desde luego, en el hecho de que estamos muy poco bregados en el ejercicio de descubrir esta misma riqueza de matices en nuestra propia lengua: ¿es siempre copulativa la conjunción *y* en castellano? ¿Acaso no es con frecuencia adversativa? Si nos entrenáramos a este objeto en nuestra lengua materna, nos percataríamos muy pronto de que a veces cumple traducir *aber* por *y*, y en cambio *und* por *pero*.

Veamos a continuación una relación de ejemplos tomados al azar de la novela corta de Thomas Mann *Mario und der Zauberer* (Mario y el Mago), en la que se despliega una amplia gama de matices y significados diferentes que puede adquirir *und* y que conviene tener muy en cuenta en la traducción correspondiente:

1)   *Ärger, Gereiztheit, Überspannung lagen von Anfang an in der Luft,*
     und zum Schluß kam dann der Schock mit diesem schrecklichen
     Cipolla...

              (Thomas Mann, *Mario und der Zauberer...*, p. 5)

En este caso, *und* significa, efectivamente, que algo se añade a lo previamente dicho, pero la traducción por un simple *y* resultaría demasiado inexpresiva o quedaría corta como colofón del cúmulo de males que relaciona el texto original:

Había en el ambiente, ya de buen comienzo, irritación, tensión y
enojo, y para colmo, al final se produjo el susto con el terrible
Cipolla...

2)   *... denn natürlich ist Torre ein beliebtes Ausflugsziel für die*
     unruhige Gästeschaft jenes Lustplatzes, und dank den hin und her
     sausenden Fiat-Wagen ist das Lorbeer- und Oleandergebüsch am
     Saum der verbindenden Landstraße von weißem Staube zolldick
     verschneit... (p. 7)

En este caso, el sentido es claramente consecutivo, por lo que propongo la siguiente versión:

> *... pues, como es natural, Torre di Venere es la meta predilecta de la turbulenta sociedad de aquel emporio de placeres. En consecuencia, el incesante tránsito de «Fiats» recubre de una densa polvareda blanca laureles y adelfas al borde de la carretera...*

3)   *Die Kleinen zeigten sich entzückt von dieser Festlichkeit, und wir bekundeten einfach den Entschluß, unsere Mahlzeiten lieber in der Veranda einzunehmen...* (p. 7)

De nuevo el sentido aquí es consecutivo:

> *Los niños se sintieron atraídos por aquellas luces, por lo que dejamos dicho que preferíamos comer en la terraza.*

4)   He aquí un ejemplo de significación adversativa:

> *...was das Meer betrifft, den Vormittag im feinen Sande, verbracht vor seiner ewigen Herrlichkeit, so kann unmöglich dergleichen in Frage kommen, und doch war es so, daß wir uns, gegen alle Erfahrung, auch am Strande nicht wohl, nicht glücklich fühlten.* (p. 11)

> *En cuanto al mar, pasar la mañana sobre la fina arena, contemplando su espléndida inmensidad, desde luego no podía decirse que presentara ningún inconveniente; sin embargo nosotros, contra toda experiencia, ni aun en la playa nos sentíamos bien, felices.*

5)   *«Damit wir also unsere Unterhaltung beginnen», setzte er hinzu, «erlauben Sie, daß ich es mir bequemer mache!» Und er ging zum Kleiderständer, um abzulegen.* (p. 26)

El significado es aquí temporal, aunque pueda traducirse por *y*, puesto que esta conjunción es también en castellano rica en significados:

> *—Para comenzar, pues, nuestro espectáculo —añadió Cipolla—, permitidme que me ponga más cómodo.*

Y se dirigió hacia la percha para colgar la capa / Dicho esto *se dirigió...*

6) *Wie gewöhnlich, meldete sich niemand,* und *Cipolla hütete sich, den vornehmen Teil seines Publikums zu belästigen. Er hielt sich ans Volk...* (p. 28)

De nuevo adversativo:

Como suele ocurrir en estos casos, nadie se ofreció, pero bien *se guardó Cipolla de molestar al público más distinguido* / ... y bien *se guardó...*

7) *Jemand sagte «Zero!», und der Cavaliere, streng beleidigt wie bei jedem Versuch, ihn zum Narren zu halten, erwiderte über die Schulter...* (p. 33)

Como en el caso del ejemplo nº 5, *und* se nos presenta otra vez con sentido temporal:

Alguien exclamó: ¡Cero!, y entonces *el Cavaliere, profundamente ofendido como ante cualquier tentativa de hacerlo pasar por un bufón, replicó que...* /...a lo que *el Cavaliere, profundamente ofendido...*

8) *...wir sahen mit Besorgnis, daß es trotz ihrer heißen Augen und trotzdem die Uhr schon jetzt fast halb elf war, sehr schwer sein würde, sie wegzubringen. Es würde Tränen geben.* Und *doch war klar, daß dieser Bucklige nicht zauberte, wenigstens nicht im Sinne der Geschicklichkeit, und daß dies gar nichts für Kinder war.* (pp. 33-34)

El sentido es aquí copulativo en el primero de los casos y concesivo/adversativo en el segundo:

Preocupados, comprobamos por nuestra parte que a pesar de que se les cerraban los ojos y que eran ya las diez y media, sería muy difícil sacarlos de allí. Habría lágrimas. Aunque *era evidente que aquel jorobado no era un mago, o al menos no lo era por su habilidad con las manos, y que el espectáculo no era apto para niños* / ...Y, sin embargo, *era evidente que...*

En resumen, no puede decirse que *und* se caracterice precisamente por su univocidad. Nótese la frecuencia del *und* no copulativo y obsérvese que, a pesar de repetirse algunos de los significados: adversativo o temporal, la versión castellana varía o puede hacerlo. Algo parecido ocurre con otras conjunciones o adverbios cuya riqueza semántica pasa fácilmente desapercibida. La muestra que relaciono a continuación pretende sensibilizar acerca de este problema a través de una breve selección de ejemplos frecuentes que he encontrado en las traducciones publicadas:

> *Geheizt wird der Raum von außen, aber durch eine besondere Lage des Zimmers ist* auch *der Fußboden warm und bei mäßig kaltem Wetter herrscht, sowie das Fensterchen zu ist, drückende Hitze. Morgens vor 9 Uhr, wenn geheizt ist, klopft immer ein Angestellter und fragt, ob* auch *die Klappe geschlossen ist.*

(Walter Benjamin, Moskauer Tagebuch... , p. 59-60)

> *La pieza se caldea desde fuera, pero, debido a un especial emplazamiento de la habitación,* también *está caliente el suelo, por lo que, cuando el frío es moderado y el ventanuco está cerrado, el calor se hace agobiante. Por la mañana, antes de las nueve, cuando ya han encendido la calefacción, un empleado llama a la puerta preguntando si está cerrada* también *la trampilla.*

(Walter Benjamin, Diario de Moscú... , p. 52)

Si el suelo forma parte de la habitación, no podemos decir —como se desprende de la versión castellana— que (además de la habitación) **también** *está caliente el suelo*. El segundo *auch*, en cambio, cumple efectivamente la función de añadir algo a lo que se ha mencionado, pero lo que se quiere añadir no hace referencia al hecho de que la trampilla está cerrada o no, sino a la afirmación de que el calor se hace agobiante. Propongo la siguiente versión: *...debido al especial emplazamiento de la habitación, incluso el suelo está caliente... Por si fuera poco, cada mañana antes de las nueve, cuando ya han encendido la calefacción, un empleado llama a la puerta preguntando si está cerrada la trampilla.*

*Es scheint mir fast indiskret-taktlos —vielleicht auch, weil ich zehn
Jahre so eng mit ihm zusammenarbeitete—, nun wie in einem
Verlagskatalog die Namen von Autoren aufzuzählen: Ledigs Per-
sönlichkeit schiene mir reduziert...*

(*Kultur Chronik...*, 3/1992, p. 11)

*Me parece casi una indiscreción de mal gusto —quizá también
porque he trabajado tan estrechamente con él durante diez años—
enumerar aquí, como en un catálogo editorial, los nombres de los
autores. Con ello la personalidad de Ledig quedaría reducida...*

(*Kultur Chronik...*, 3/1992, p. 11-12)

¿También? No se ha mencionado anteriormente ninguna razón
a la que ésta venga a sumarse. *Auch* tiene aquí un sentido de
precisión, puntualiza. En castellano esta puntualización queda
suficientemente recogida si decimos por ejemplo: *Me parece casi
una indiscreción de mal gusto —quizá porque he trabajado con él...
/ quizá precisamente porque he trabajado con él...*

*Der Bau von kommunalen Sportstätten und Freizeitanlagen, die
Errichtung von Jugendheimen und deren Unterhaltung, aber auch
die Unterstützung von vereinseigenen Übungsstätten sind Planungs-
und Verwaltungsaufgaben von kommunalen Instanzen.*

(*Informationen zu Sportwissenschaft...*, p. 16)

*Son tareas de planificación y administración de las oficinas comu-
nales: la construcción de campos deportivos e instalaciones recreativas municipales, la construcción de albergues juveniles y su
manutención, como también el asesoramiento y apoyo a la construcción de los campos deportivos por parte de los clubes.*

(*Op. cit.*, p. 86)

Ya he mostrado que no es siempre necesario traducir *auch* por
también. Ya habrán podido comprobar los lectores que, a menudo,
ni siquiera tiene este sentido, y aun si lo tuviera, hay muchas otras
maneras de expresarlo que resultan más adecuadas y elegantes en

nuestra lengua. En este caso hubiera sido preferible: ...*la construcción de albergues juveniles y su manutención, así como el asesoramiento y...*

Der Abend ermüdete mich sehr, denn wir kamen, wohl durch eine Verfehlung oder auch *durch ihre Unpünktlichkeit zu spät, mußten den ersten Akt stehend vom Rang aus ansehen.*

(Walter Benjamin, *Moskauer Tagebuch*..., p. 59)

La velada me fatigó bastante, pues ya fuese por un malentendido, o también, posiblemente, debido a su impuntualidad, llegamos demasiado tarde, por lo que el primer acto lo tuvimos que ver de pie, en las gradas.

(Walter Benjamin, *Diario de Moscú*..., p. 51)

El *auch* del texto alemán alude al hecho de que se barajan dos posibles hipótesis disyuntivas para explicar el retraso: la del malentendido y, también, la de la falta de puntualidad. Sin embargo, en la redacción del texto castellano *también* es incorrecto, ya que puede dar a entender que a la primera razón, la del malentendido, se suma la del retraso. Debemos eliminar la posibilidad de este equívoco, que la versión castellana sugiere: ...*pues, ya fuese por un malentendido o por su falta de puntualidad, llegamos demasiado tarde...*

Mit der kumpelhaften Aufforderung, die Ärmel hochzukrempeln, ist keinem gedient, der wohl anpacken möchte, aber *nichts findet, was er anpacken kann.*

(Heinrich Böll, *Vorwort*, in: Petra Kelly, *Um Hoffnung kämpfen*..., p. 8)

Con la mera invitación a remangarse no se hace ningún servicio a nadie que quisiera agarrar algo, pero *no encuentra nada que agarrar.*

(Heinrich Böll, *Prólogo*, en: Petra Kelly, *Luchar por la esperanza*..., p. 8)

Tal como está formulada la oración castellana, a mi entender el sentido adversativo de *aber* quedaría mejor expresado de un modo bien diferente: *La mera invitación a remangarse no basta a quien quiera colaborar si no tiene donde hacerlo.*

Die Angst vor Bildung und Kultur, die bei uns herrscht - und zu Recht, denn das meiste, was auf unseren Bühnen stattfindet, ist ja absolut unverständlich, wenn man nicht Abitur hat - die muß man abbauen.

«Hay que superar el miedo ante el arte y la cultura existente en nuestro país; un temor fundado, ya que la mayoría de las obras de teatro son absolutamente incomprensibles si no se tiene el bachillerato.»

(*Scala*, 2/abril-mayo de 1991, p. 32)

¿Diríamos en castellano *sentir miedo **ante** algo*? Debiera decir: *Hay que superar el miedo al arte y a la cultura...*

Und wenn ich ... ein vernichtendes Urteil über die Saarstahlinvestitionen ... lese, erlaube ich mir Zweifel an den heilenden Kräften des unfreien freien Marktes und frage mich, wer da die Arbeiter über ihre Zukunft täuscht.

(Heinrich Böll, *Vorwort*, in: Petra Kelly, *Um Hoffnung kämpfen...*, p. 8)

Y cuando leo... un juicio aniquilador sobre las inversiones... entonces me permito dudar de la fuerza terapéutica del mercado libre, que no es nada libre, y me pregunto quién es ahí el que engaña a los trabajadores acerca de su futuro.

(Heinrich Böll, *Prólogo*, en: Petra Kelly, *Luchar por la esperanza...*, p. 9)

Es evidente que el *da* alemán no tiene aquí un sentido local, sino consecutivo: *...y me pregunto quién es pues el que engaña a los trabajadores acerca de su futuro* / *...y por tanto me pregunto quién es el que engaña a los trabajadores acerca de su futuro.*

Der Himmel über *Berlin ist voller Flugzeuge.* Allein *die Lufthansa bietet dort an jedem Tag 45 Hin- und Rückflüge an.*

El cielo sobre *Berlín está lleno de aviones.* Tan sólo *la Lufthansa ofrece allí 45 vuelos diarios de ida y vuelta.*

(*Scala,* 7/diciembre de 1990, p. 4)

La traducción del alemán *über* por el castellano *sobre*, así como del alemán *allein* por el castellano *sólo* o *tan sólo* es otro de los ejemplos de asociación automática que se observan con frecuencia. En el texto que nos ocupa, esta última podría provocar una interpretación errónea si no fuera porque el contexto se encarga de eliminar la duda, puesto que da a entender que Lufthansa es la única compañía que ofrece esta cantidad de vuelos. En cambio, el texto original dice que, para que el lector se haga una idea del tráfico aéreo de Berlín, basta con mencionar los datos de Lufthansa. Propongo: *El cielo de Berlín está lleno de aviones. Lufthansa, por aportar datos de una sola compañía aérea, ofrece allí...*

Die Zugangsvoraussetzungen für die einzelnen Studiengänge sind aus den Kursbeschreibungen zu ersehen. Studiengänge mit der Unterrichtssprache Deutsch erforden unter Umständen *einen sechsmonatigen Deutschkurs vor Studienbeginn.*

(*Aufbaustundiengänge an Hochschulen...*, p. 13)

La descripción de cada carrera incluye las respectivas condiciones de admisión. En las carreras cuyas clases se imparten en alemán, bajo determinadas circunstancias, *los aspirantes tienen que asistir a un curso de alemán de seis meses de duración antes de empezar los estudios propiamente dichos.*

(*Ampliación de estudios...*, p. 14)

La fuerza de la asociación automática *unter* = *bajo* ha llegado a provocar adicionalmente un cortocircuito entre dos expresiones castellanas: *bajo ninguna circunstancia* y *en determinadas circunstancias*, por más que su significado sea diferente. Debiera decir *en determinadas circunstancias / en algunos casos / en caso necesario.* La redacción resultaría más correcta y fluida si lo formuláramos de otro modo: *La descripción de cada carrera incluye la de las respectivas condiciones de admisión.* En caso necesario, *para cursar las carreras cuyas clases se imparten en alemán, los aspirantes deben realizar previamente un curso de lengua alemana de seis meses de duración.*

> *3. Zweikammersystem auf Grund der Besonderheiten einer* **b u n d e s s t a a t l i c h e n** *Organisation. Hier wird* neben *dem Abgeordnetenhaus, das aus allgemeinen Wahlen des Gesamtvolkes hervorgeht, eine besondere Kammer der Gliedstaaten* als **S t a a t e n h a u s** *gebildet.*

(Carl Schmitt, Verfassungslehre..., p. 296)

> *3º) Sistema bicameral a base de las singularidades de una organización* **f e d e r a l:** *Aquí se forma,* junto *a la Cámara de Diputados surgida por sufragio universal de todo el pueblo, una cámara especial de los Estados miembros,* como **C á m a r a d e E s t a d o s.**

(Carl Schmitt, Teoría de la Constitución..., p. 287)

Las correspondencias *neben* = *junto a* y *als* = *como* impiden una traducción más desenvuelta: *...Aquí se forma, además de la Cámara de Diputados surgida por sufragio universal de todo el pueblo, una cámara especial de los Estados miembros: la* **C á m a r a d e l o s E s t a d o s.**

> *Auch riefen alle Prognosen der Berufs- und Arbeitsmarktforschungen nach* immer *höher qualifizierten Arbeitskräften.*

(In Press, Bildung und Wissenschaft Nr. 7/8, 1992..., p. 5)

> *Por lo demás, todos los sondeos sobre las profesiones y el mercado de trabajo pronostican una demanda* siempre *mayor de una mano de obra cada vez más especializada.*

(In Press, Educación y Ciencia nº 7/8, 1992..., p. 5)

La fuerza de la correspondencia que hacemos entre *immer* y *siempre* nos hace olvidar que existen muchos contextos en los que aquél no puede traducirse así. Debemos escribir: ...*pronostican una creciente demanda de una mano de obra...*

2.2. Los falsos amigos léxicos o Las apariencias engañan

Dice Miguel de Unamuno en el prólogo de su novela *La tía Tula*:

> *Aristóteles le llamó al hombre z o o n p o l i t i c o n, esto es, animal civil o ciudadano -no político, que esto es no traducir...*[4]

Tradicionalmente se le da el nombre de *falso amigo* a aquella palabra de la lengua original que coincide en su etimología con otra de la lengua terminal, pero cuyo significado difiere esencialmente del de ésta, provocando un malentendido si se cae en la trampa de traducir una por otra, a lo que invita la coincidencia formal entre ambas. Este sería el caso si por ejemplo tradujéramos *Gymnasium* (instituto de enseñanza media) por *gimnasio*, *Lehrerkonferenz* (reunión de los profesores de una escuela) por *conferencia* de/para profesores o *pedantisch* (meticuloso) por *pedante*. Sin embargo, cuando esto ocurre, a menudo se trata de errores en los que se cae fácilmente cuando el conocimiento de la lengua terminal es todavía deficiente, es decir, cuando se está en fase de aprendizaje de esta lengua, pero no es tan frecuente, en general, que se cometan cuando, desde un buen conocimiento de la lengua, se aborda la tarea de traducir. Por ello he preferido dar mayor cabida a la denominación de *falsos amigos* entendiendo por ellos aquellas palabras que provocan una asociación fácil, a menudo fija, con otra u otras de la lengua terminal, con independencia de si tienen una etimología común o no. En este sentido, también las *menudencias*

4. Miguel de Unamuno, *La tía Tula*, Espasa-Calpe, Madrid, 1985, p. 14.

que he tratado anteriormente pueden ser consideradas como tales.

Los *falsos amigos* a los que me refiero difieren de los tradicionales en que la trampa que le tienden al traductor no proviene de su etimología común, pero se asemejan a estos en que de algún modo es la forma o apariencia externa de la palabra de la lengua original la que provoca una determinada traducción, que es fija en el sentido de que sigue siempre un mismo esquema o que resulta muy rígida porque se ha visto impedida la libre asociación. Así por ejemplo son muy frecuentes traducciones como *libro pequeño* o *pequeño libro* por *kleines Buch*, cuando posiblemente hubiera convenido mucho más traducirlo por *libr*ito o *libr*illo, o *trocito (de pan)*, en vez de *mendrugo*, por *ein Stück*chen *(Brot)*, o bien in*accesible* por un*zugänglich* (referido al carácter de una persona), cuando el contexto hubiera exigido un *obstinado* o *cerrado*.

En el caso de las palabras compuestas, la tendencia a la traducción rígida consiste en verter al castellano el objeto designado o el concepto correspondiente utilizando el mismo número de vocablos que componen la palabra alemana, exceptuando las preposiciones y los determinantes. Así es muy frecuente leer *estantería de libros* o *estantería para libros* por *Bücherregal*, en vez de, simplemente, *estantería*, o bien *oficios profesionales*, en vez de *oficios*, por *Handwerk*. Estamos ante lo que podríamos denominar *tiranía de la forma* o *mimetismo morfológico*. Este mimetismo llega hasta tal punto que, en el caso de las palabras compuestas, por el afán inconsciente de adaptar al máximo la versión castellana a la forma sugerida por la lengua original, incluso obliga a producir traducciones sin preposición cuando ésta es necesaria, como es el caso de *artista lingüístico* por *Sprachartist* (referido al escritor Helmut Heißenbüttel), en vez de *malabarista del lenguaje*, que no es lo mismo que *malabarista lingüístico*.

Esta *tiranía de la forma* actúa a mi entender de una manera mucho más imperceptible que los *falsos amigos* tradicionales y es por ello más difícil de controlar. Por esta razón resultan también más peligrosos.

Veamos los siguientes ejemplos de traducciones:

Die Psychoanalyse hat von vornherein bei der Untersuchung des Charakters ihrer Methode entsprechende *neue Wege eingeschlagen.*

(Wilhelm Reich, *Charakteranalyse...*, p. 172)

Al estudiar el carácter, desde sus mismos comienzos el psicoanálisis abrió nuevos caminos correspondientes *a sus métodos.*

(Wilhelm Reich, *Análisis del carácter...*, p. 157)

La tiranía formal se manifiesta en este caso hasta el extremo de hacer coincidir no sólo la categoría gramatical, sino incluso la estructura morfológica de ambas palabras: las dos formadas con prefijo. La redacción castellana resultaría más natural si dijéramos: *...el psicoanálisis abrió nuevos caminos, conforme exigían sus métodos /...abrió nuevos caminos adecuados a sus métodos / ...en consonancia con sus métodos.*

Fast 250 Millionen Übernachtungen... *erreichte das Reiseland Deutschland in der vergangenen Saison...*

...Alemania logró un nuevo récord como país turístico: casi 250 millones de pernoctaciones.

(*Scala*, 7/diciembre de 1990, p. 4)

La pretensión de mantener la equivalencia de la categoría gramatical obliga al traductor a inventar un nuevo sustantivo en castellano a imagen y semejanza del original: *pernoctar* es correcto en castellano, pero el correspondiente sustantivo no figura en los diccionarios ni es de uso arraigado. Sería conveniente formular de nuevo toda la oración: *Alemania logró un nuevo récord como país turístico: en los hoteles se ocuparon casi 250 millones de camas.*

Sein Werk ist verzweigt, sprunghaft, bizarr, unzuverläßig, dabei gleichzeitig auch klar geplant und so qualitätsvoll, schön und solide, daß es inzwischen *Reputation in aller Welt genießt.*

(*Kultur Chronik...*, 3/1992, p. 18)

Su obra es variada, veleidosa, caprichosa, inconsecuente, pero al mismo tiempo planeada con lucidez, y de tal calidad, tan bella y tan buena, que posee entretanto *una sólida reputación en todo el mundo...*

Sería mejor: *...pero al mismo tiempo planificada con lucidez, y ...tan bella y tan buena, que ha alcanzado ya una sólida reputación en todo el mundo.*

...begegnet sie Anfang August 1804 dem Mythenforscher *Georg Friedrich Creuzer, der...wenige Monate zuvor an die* neugegründete *Heidelberger Universität berufen wurde.*

(*Kultur Chronik...*, 3/1992, p. 16)

...conoce a comienzos de agosto de 1804 al investigador de mitos *Georg Friedrich Creuzer, quien... había sido nombrado poco antes* profesor de la *nuevamente* fundada *Universidad de Heidelberg.*

(*Kultur Chronik...*, 3/1992, p. 16)

Mythenforscher = investigador de mitos delata claramente la traducción del alemán; en castellano diríamos *mitologista*. En el segundo caso el traductor ha sido nuevamente víctima de una asociación demasiado fácil que por añadidura provoca una alteración en el significado: *neu = nuevo / nuevamente*. Como en los ejemplos relacionados arriba, el texto castellano resulta aquí afectado, pero en este caso el calco morfológico vierte además al castellano un significado erróneo: decimos que algo ocurre *nuevamente* cuando sucede más de una vez, pero *fundar* no admite repetición. Una institución sólo puede *fundarse* una vez. Propongo corregir la traducción como sigue: *...conoce a comienzos de agosto de 1804 al mitologista ... profesor de la Universidad de Heidelberg, recientemente fundada.*

Aus der Trümmerlandschaft *der Nachkriegszeit ragt das Brandenburger Tor. Die im Krieg* schwer beschädigte *Quadriga wurde* erst *1958 neu hergestellt...*

> *En el* paisaje de ruinas *de la posguerra destaca la Puerta de Brandemburgo. La cuadriga,* fuertemente dañada *en la guerra, fue* sólo *reparada en 1958...*

(*Scala*, 2/marzo de 1990, p. 37)

Tenemos aquí concentrados tres ejemplos de este tipo. Excepto cuando exigencias de estilo aconsejen lo contrario, conviene siempre que nos distanciemos de las palabras de la lengua original para quedarnos únicamente con la idea que expresan olvidando cómo la expresan. A menudo los medios que se utilizan para transmitir algo varían mucho de una lengua a la otra. A mi entender, al término alemán *Trümmerlandschaft* no se le hace justicia en castellano traduciéndolo por *el paisaje de ruinas. Trümmer* puede traducirse efectivamente por *ruinas* y *Landschaft* por *paisaje,* pero la palabra compuesta adquiere connotaciones bien diferentes de las que tiene por separado cada una de las palabras que la forman. La fuerza que emana de *Trümmerlandschaft* remite en castellano a otro campo asociativo: el de la desolación.

En el segundo y en el tercer caso, se ha caído en una correspondencia fácil: *schwer* = *fuerte* (*schwer beschädigt* = *fuertemente dañada*) por un lado, y *erst* = *sólo*, por otro. Propongo en esta ocasión una nueva redacción para todo el texto: *En el panorama desolador de las ruinas de la posguerra destaca la Puerta de Brandemburgo. La cuadriga, gravemente dañada en la guerra, no fue reconstruida hasta 1958...*

> *Besuch der* Lehrveranstaltungen
> (Entrada del índice de: Biowissenschaften...)

> *Asistencia a los* actos de enseñanza
> (Entrada del índice de: Las ciencias biológicas...)

En genuino castellano diríamos por ejemplo: *Asistencia a las clases y seminarios.*

Ich wäre glücklich gewesen, Dich als Freund, als Chef, als Onkel, als Großvater, ja selbst (wenn auch schon zögernder) als Schwiegervater zu haben.

(Franz Kafka, *Brief an den Vater*..., p. 8)

Habría sido feliz de tenerte como amigo, como jefe, tío, abuelo e incluso (aunque con mayores dudas) como suegro.

(Franz Kafka, *Carta al padre*..., p. 9)

La inmediatez de la correspondencia *zögern = dudar* impide que la idea que se pretende transmitir pueda expresarse con la libertad necesaria para que la traducción se convierta en un texto en auténtico castellano. La idea de duda que encierra *zögern* puede expresarse de muchos otros modos sin necesidad de mencionar la palabra en cuestión. Además, el traductor ha forzado sin darse cuenta una expresión castellana para reproducir con exactitud el comparativo alemán. En caso de querer utilizar obligadamente este vocablo, ¿diríamos en castellano *con mayores dudas*? ¿No resulta más genuino *en esto tengo mis dudas*? Pero el sentido de comparativo puede conservarse a pesar de todo si formulamos: ...*e incluso (aunque de esto ya no estoy tan seguro) como suegro.*

Es zeigt sich nämlich, daß der ehemalige Bildungsroman bei Thomas Mann in «Der Zauberberg» und in den «Bekenntnissen des Hochstaplers Felix Krull» zwar wiedererscheint, aber ironisch gebrochen, daß in der Trilogie «Die Schlafwandler» von Hermann Broch der Durchschnittsmensch im Verhältnis zu seiner Umwelt nur noch ein mechanisch angepaßtes Teilchen ist...

(Karl August Horst, *Strukturen und Strömungen*..., p. 36)

Se pone de manifiesto que la novela didáctica de entonces aparece de nuevo en Thomas Mann en «Der Zauberberg» y en «Bekenntnisse des Hochstaplers Felix Krull», pero con un tinte de ironía, y que en la trilogía «Die Schlafwandler», de Hermann Broch, el hombre medio en relación a su circunstancia es sólo ya una partecita mecánicamente ajustada...

(Karl August Horst, *Caracteres y tendencias*..., p. 36)

El ejemplo muestra con claridad hasta qué punto la operación traductora está sujeta a la esclavitud del nivel formal del lenguaje. La traducción sigue de un modo inconsciente un esquema simple de identificación de las palabras, aisladamente y no en su conjunto, con sus «correspondientes» alemanas, procurando conservar en lo posible la categoría gramatical y asociándolas a los significados más extendidos de cada una de ellas, pero precisamente por ello también menos elegantes o precisos. Se genera así una secuencia de elementos léxicos encadenados uno a otro de un modo mecánico, que amenaza con extenderse a toda la estructura. Veamos los pasos inconscientes del proceso:

nur noch (adverbio) = *sólo ya* (adverbio) / *mechanisch* (adverbio) = *mecánicamente* (adverbio) / *angepaßt* (participio perfecto) = *ajustada* (participio perfecto) / *Teilchen* (sustantivo diminutivo de 'Teil') = *partecita* (sustantivo diminutivo de 'parte'). Al traducir debiéramos quedarnos con la idea y el tono del texto original, pero olvidar la cobertura formal que la transporta y crear para ella otra completamente nueva que recoja los matices de un modo más creativo y menos mecánico. A mi entender, el texto de arriba mejoraría sustancialmente si tradujéramos: ...*el hombre medio en relación con su entorno ya no es más que una ruedecilla del engranaje...*

El ejemplo que sigue es parte de una descripción de un programa-concurso de la televisión alemana:

> *Bei diversen Wetten wird brotlose Kunst vorgeführt.* Kandidaten *stellen eine Telefonzelle auf vier Makkaronis auf oder zünden mit zwei Bussen ein Streichholz an.*

> *Algunas de las apuestas son auténticas pruebas de habilidad. Hay* candidatos *que colocan una cabina telefónica sobre cuatro macarrones o encienden una cerilla con la ayuda de dos autobuses.*

> (*Scala,* 2/ abril-mayo de 1991, p. 6)

Estamos ante un falso amigo propiamente dicho. Resulta fácil creer que *Kandidat* y *candidato* se corresponden exactamente, pero la coincidencia es puramente formal: se trata de concursantes, no de candidatos. Así, debiera decir: ...*Hay concursantes que colocan*...

2.3. El diccionario como enemigo

Huelga decir que el diccionario constituye una herramienta básica para el traductor. En unos casos la consulta se hace necesaria porque ignoramos el significado de una palabra y en otros porque no se nos ocurre el sinónimo más adecuado para el vocablo o la expresión que buscamos. Sin embargo, en ocasiones la ayuda que creemos asegurarnos mediante su autoridad se vuelve contra nosotros. Esto ocurre tanto más cuanto mayor sea el grado de insensibilidad del traductor respecto de la palabra o expresión que busca y por este motivo este fenómeno se da más en textos especializados. En mi opinión, los ejemplos que relaciono seguidamente ponen de manifiesto esta influencia nociva:

> *Der Ausdruck S c h m e r z l u s t oder A n g s t l u s t kann also nur... den Sachverhalt meinen, daß Schmerz und Angst zu Anlässen der Sexualerregung werden.*

(Wilhelm Reich, *Charakteranalyse...*, p. 282)

> *La expresión S c h m e r z l u s t o A n g s t l u s t sólo puede pues significar... que el dolor o la angustia pueden llegar a ser la ocasión de la excitación sexual.*

(Wilhelm Reich, *Análisis del carácter...*, p. 253)

La palabra alemana *Anlaß* significa a veces, efectivamente, *ocasión*; sin embargo, en el contexto en el que aparece, de ninguna manera podemos traducirla de este modo. El texto alemán se refiere a *Anlaß* en el sentido de *origen, de causa: ...que el dolor o la angustia pueden llegar a ser el motivo de la excitación sexual / ...que el dolor o la angustia pueden llegar a ser la causa de...*

Die Kultus- und Finanzminister der Länder haben sich bereits über zahlreiche Strukturveränderungen des Studiums und eine Verlagerung *von Studenten*strömen *von den Universitäten zu den Fachhochschulen verständigt.*

(In Press, *Bildung und Wissenschaft*, Nr. 7/8, 1992..., p. 3)

Los ministros de Educación y de Hacienda de los Länder han acordado ya numerosos cambios estructurales en la carrera y una traslación *de las* corrientes *estudiantiles de las universidades a las escuelas superiores especializadas.*

(In Press, *Educación y Ciencia*, n⁰ 7/8, 1992..., p. 3)

Verlagerung = transmutación, traslación; Strom = corriente son sinónimos típicos de diccionario que parecen tomados directa y automáticamente, sin adaptación alguna al texto de que se trata. Podría decirse que los vocablos empleados son piezas en bruto que es necesario pulir: *...han acordado ya numerosos cambios estructurales en la carrera y el desplazamiento de la afluencia estudiantil de las universidades a las escuelas...*

Die Herstellung des gesunden Geschlechtslebens, des geregelten Libidohaushalts kann nur erfolgen durch zweierlei therapeutische Prozesse...

(Wilhelm Reich, *Charakteranalyse...*, p. 283)

Establecer una vida sexual sana, una sana economía del sexo, *requiere dos procesos terapéuticos...*

(Wilhelm Reich, *Análisis del carácter...*, p. 253)

En los diccionarios podemos encontrar la palabra alemana *Haushalt* traducida por el vocablo castellano *economía*; sin embargo, se trata de *economía* en el sentido de la *administración de una cosa de la manera más provechosa* y no en el sentido de *ahorro*. En el contexto en que figura, no se entiende en castellano lo que dice el original y hasta es fácil que provoque un malentendido que resulta gracioso si se contrasta lo que debiera decir con lo que realmente dice, pero que naturalmente hay que corregir. Propongo la redacción siguiente: *El restablecimiento de una vida sexual sana, de una sana regulación de la líbido, requiere...*

> *Die Stipendienprogramme des DAAD und die anderer Organisationen stehen* grundsätzlich *auch Bewerbern für Aufbaustudiengänge offen.*

(Aufbaustudiengänge an Hochschulen..., p. 12)

> *Los programas de becas del DAAD y de otras organizaciones también están abiertos,* por principio, *a los interesados en cursar estudios de ampliación.*

(Ampliación de estudios..., p. 12)

En el diccionario podemos encontrar para *grundsätzlich*, entre otras acepciones, *por principio* o *en principio*. La diferencia de significado entre ambas es considerable: mientras que la primera alude a algo que se hace por razones éticas (p. ej.: *hacer algo por principio*), la segunda hace referencia al hecho de que algo ocurre o es como se dice sólo de una manera provisional o con reservas. En el caso que nos ocupa no nos conviene ninguno de estos dos significados, pues se trata de poner en claro que los programas de becas acogen *siempre* a quienes quieran ampliar sus estudios; *grundsätzlich* es aquí un sinónimo de *in jedem Fall* o de *ohne jede Einschränkung*. Si no lo traducimos directamente, conservamos el sentido que tiene el original: el de que las becas están a disposición no sólo de aquellos que quieran cursar estudios para obtener una licenciatura, sino también de los que deseen adquirir un mayor grado de especialización. Por tanto, propongo la siguiente alternativa: *Los programas de becas... también están abiertos a todos aquellos interesados en cursar estudios de ampliación.*

A propósito de un texto explicativo de la historia de las pinturas del muro de Berlín leemos:

> *Unter der im Oktober 1986 von Keith Haring (*1958, Kutztown, Pennsylvania) gemalten Figurenkette schimmern die am 4. Juli desselben Jahres von Boucher und Noir gemalten 42 Freiheitssta-*

tuen durch, die als Geschenk anläßlich des 100. Jahrestages ihrer Errichtung *in New York auf die Mauer gemalt worden waren.*

Debajo de la cadena de figuras pintadas en octubre de 1986 por Keith Haring (n. 1958, Kutztown, Pennsylvania) resplandecen las 42 estatuas de la libertad pintadas el 4 de julio del mismo año por Bouchet y Noir como presente con motivo de los 100 años de la erección *de la estatua de Nueva York.*

(Heinz J. Kuzdas, *Berliner Mauer Kunst...*, pp. 44-45)

El diccionario le ha gastado al traductor una mala pasada convirtiendo un texto serio en un chiste. Es evidente que debemos sustituir la palabra, por más que *erigir* signifique *construir: ...con motivo de los 100 años de la construcción de la estatua de Nueva York.*

Oft erleben Kinder erst im Zustand der Angst die spannungslösenden Sensationen, die sie sich sonst aus Angst vor Strafe versagen.

(Wilhelm Reich, *Charakteranalyse...*, p. 282)

Muy a menudo los niños experimentan sensaciones de relajamiento sólo en la angustia, sensaciones que de otra manera suprimen por temor al castigo.

(Wilhelm Reich, *Análisis del carácter...*, p. 252)

La palabra alemana *sonst* exige una adaptación específica a cada contexto. Su sentido es adversativo, pero tenemos que hacerlo encajar en cada caso. Por esta razón en los diccionarios bilingües solemos encontrar traducciones muy generales, tales como *de otra manera, de otro modo, de lo contrario,* etc. En el ejemplo de arriba el lector español no puede entender a qué se refiere *de otra manera,* mientras que la incógnita se despeja si hacemos una traducción menos rígida, más liberada del original: *...experimentan sensaciones de relajamiento sólo en situaciones que les producen miedo, y cuando no sienten miedo, reprimen aquellas sensaciones por temor al castigo.*

Ein leicht rückläufiger *Trend ist auch bei den Rechts-Wirtschafts-*
und Sozialwissenschaften festzustellen.

(In Press, *Bildung und Wissenschaft*, Nr. 7/8, 1992..., p. 6)

Una tendencia retrógrada *se ha observado asimismo en las carre-*
ras de derecho, economía y ciencias sociales.

(In Press, *Educación y Ciencia*, n° 7/8, 1992..., p. 6)

El texto no afirma que los estudiantes de las especialidades
mencionadas tengan ideas cada vez más reaccionarias, sino que la
afluencia de estudiantes interesados en estas carreras disminuye.
Debiera decir: *Una tendencia a la regresión se ha observado*
asimismo...

Wir waren durch die breite schnee- und schmutzstrahlende Twer-
skaja erst *einige Minuten gefahren, da winkte Asja vom Weg aus.*

(Walter Benjamin, *Moskauer Tagebuch*..., p. 17)

Tan sólo *habíamos avanzado unos minutos por la amplia Tverskaya,*
brillante de nieve y de suciedad, cuando ya Asia nos saludó desde
la calle.

(Walter Benjamin, *Diario de Moscú*..., p. 13)

Sólo, tan sólo, es uno de los sentidos que registra el diccionario
para *erst*, pero es obligado adaptarlo a nuestro contexto: *No*
habíamos avanzado más que unos minutos... cuando Asia nos
saludó desde la calle / *Apenas habíamos avanzado unos minu-*
tos... cuando Asia...

Wie eine UNICEF-Studie zeigt, waren kaum *zehn Prozent der über*
14 Millionen Kinder, die in diesem Jahr starben, gegen die sechs
häufigsten und gefährlichtsten Krankheiten geimpft.

(Petra Kelly, *Um Hoffnung kämpfen*..., p. 15)

Según muestra un estudio de UNICEF, apenas *un 10 por ciento de estos catorce millones de niños que murieron en ese año se hallaba vacunado contra las seis enfermedades infantiles más frecuentes y peligrosas.*

(Petra Kelly, *Luchar por la esperanza...,* p. 16)

Obsérvese que, en el ejemplo anterior, *erst* acaba traduciéndose por *apenas,* acepción que generalmente no se le atribuye en los diccionarios a *erst,* sino a *kaum,* y en cambio, en este contexto, *kaum* resulta mejor traducido si evitamos aquella traducción: *Según muestra un estudio de UNICEF, menos de un 10 por ciento de los niños que murieron ese año se hallaba vacunado...*

Como puede verse a través de los tres últimos ejemplos, palabras como *sonst, erst, kaum,* entre otras, acostumbran a exigir por parte del traductor una reorganización casi completa del texto, una concepción radicalmente distinta del original en la construcción de la estructura (Véase también al respecto el capítulo 3.2.).

Im Theater war der Beifall spärlich und vielleicht geht auch das mehr auf die offizielle Losung zurück als auf den ursprünglichen Eindruck des Publikums. Denn eine Augenweide war die Aufführung sicher. Aber dergleichen hängt wohl zusammen mit der allgemeinen Vorsicht bei öffentlicher Meinungsäußerung, die hier herrscht.

(Walter Benjamin, *Moskauer Tagebuch...,* p. 49)

Los aplausos que se escucharon en el teatro fueron escasos, pero es muy posible que esto se debiera en mayor medida a la consigna oficial que a la impresión causada inicialmente en el público. Pues la representación fue sin duda un deleite para la vista. Pero algo así está relacionado posiblemente con la cautela general aquí reinante a la hora de manifestar la opinión en público.

(Walter Benjamin, *Diario de Moscú...,* p. 43)

La traducción de *dergleichen* por *algo así* parece sugerida por un diccionario y tomada intacta, sin la menor adaptación al contexto; por ello se tiene la impresión de que es un cuerpo extraño. En castellano no nos hubiéramos expresado de este modo, si hubiésemos redactado el texto originalmente en nuestra lengua. Yo propondría por ejemplo: ...*Pero esto está relacionado posiblemente con la cautela general...* / *Pero esta acogida tan poco calurosa debe estar relacionada posiblemente con...*

> *Die politische Form der Aristokratie beruht auf dem* Gedanken *der Repräsentation. Doch ist die Konsequenz dieses Formprinzips dadurch abgeschwächt und gemildert, daß nicht eine einzige Person, sondern eine Mehrheit von Personen repräsentiert.*

> (Carl Schmitt, *Verfassungslehre*..., p. 292-293)

> *La forma política de la Aristocracia se basa en el* pensamiento *de la representación. Pero la consecuencia de este principio formal queda debilitada y atenuada, por cuanto no es una única persona, sino una pluralidad de personas, quien representa.*

> (Carl Schmitt, *Teoría de la Constitución*..., p. 284)

Habitualmente encontramos en los diccionarios *denken = pensar, Gedanke = pensamiento*; sin embargo, el contexto castellano reclama otra palabra: ...*se basa en la idea de la representación*...

> *Der Mann auf die Frage, ob wir geweckt werden könnten:* «*Wenn wir* daran denken, *dann werden wir wecken. Wenn wir aber nicht* daran denken, *dann werden wir nicht wecken. Eigentlich, meistens* denken *wir ja* daran, *dann wecken wir eben. Aber gewiß...*

> (Walter Benjamin, *Moskauer Tagebuch*..., p. 60)

> *A la pregunta de si nos podrían despertar, el hombre respondió:* «*Si* pensamos en ello, *les despertaremos; pero si no* pensamos en ello, *no les despertaremos. La verdad es que solemos* pensar en ello, *y entonces despertamos; pero claro...*

> (Walter Benjamin, *Diario de Moscú*..., p. 52)

Por lo común, el diccionario se limita a traducir *denken* por *pensar*. El paralelismo formal entre el alemán *denken an* y el castellano *pensar en* facilita la asociación entre ambas expresiones; sin embargo, en castellano *pensar en algo* no significa *acor-*

darse de algo, sino *tener una cosa en la mente e irle dando vueltas a la idea*, de modo que el efecto cómico del original se ve aumentado injustamente en la traducción. Propongo: ...«*Si nos acordamos, les despertaremos; pero si no nos acordamos, no les despertaremos. La verdad es que solemos acordarnos...*

El problema del que trato de prevenir en este capítulo no se debe siempre a la mala utilización del diccionario propiamente dicho. Con frecuencia ocurre algo parecido sin necesidad de recurrir a él, pues el otro *diccionario* que llevamos dentro nos adelanta con insistencia una determinada acepción de la palabra que nos ocupa, con preferencia a otra, a pesar de que el contexto aconseja o hasta exige otra. Creo que éste es precisamente el caso de los dos últimos ejemplos que he expuesto arriba.

Las palabras aisladas atraen con demasiada fuerza nuestra atención. Es por ello por lo que a mi entender son muy convenientes para el futuro profesional los ejercicios que le obliguen a traducir el sentido de una oración variando al máximo su estructura.

2.4. La pérdida del punto de referencia

Ya me he referido en los capítulos anteriores a la tiranía morfológica y sintáctica que ejerce sobre el traductor el texto original. Sucumbimos a esta tiranía al buscar en la lengua de llegada el léxico y las estructuras formalmente más similares a las que nos sugieren los del original, aun a costa de forzar la expresión natural de nuestra lengua. Tendemos pues a buscar automáticamente un punto de referencia formal común o parecido. ¿Pero qué ocurre cuando la coincidencia formal se nos resiste? Habremos perdido el punto de referencia.

Algunos vocablos de uso muy frecuente en alemán parecen presentar particular dificultad a los traductores, probablemente porque no existe una correspondencia en castellano que cubra fácilmente la posibilidad de verter el significado deseado manteniendo la categoría léxica del texto original. Se trata de palabras de las que pudiera decirse que no permiten el calco, que obligan a cambiar completamente la forma de transmitir la idea expresada en alemán y que a menudo este cambio repercute en toda la estructura o en parte de la misma. Cuando, a pesar de ello, nos resistimos, el producto resultante es un extraño híbrido:

> *Heute morgen erhielt ich eine traurige Nachricht; ein Flüchtling aus der Gegend von Gießen ist hier angekommen; er erzählte mir, in der Gegend von Marburg seien mehrere Personen verhaftet und bei einem von ihnen eine Presse gefunden worden, außerdem sind meine Freunde A. Becker und Klemm eingezogen worden, und Rektor Weidig von Butzbach wird verfolgt. Ich begreife unter solchen Umständen die Freilassung von P... nicht. Jetzt erst bin ich froh, daß ich weg bin, man würde mich auf keinen Fall verschont haben.*

> (Georg Büchner, *Werke und Briefe*..., pp. 266-267)

> *Esta mañana he recibido una triste noticia; ha llegado aquí un hombre, huido de la región de Gießen, y me ha contado que en la región de Marburgo han sido arrestadas varias personas y que en casa de una de ellas han encontrado una prensa; dice además que han encarcelado a mis amigos A. Becker y Klemm y que el pastor Weidig es objeto de persecuciones. En estas circunstancias no comprendo que hayan puesto en libertad a P... Sólo ahora estoy verdaderamente contento de haberme marchado, no habrían tenido la menor indulgencia conmigo.*

> (Georg Büchner, *Cartas*, en: *Obras Completas*..., p. 245)

El adverbio alemán *erst* se resiste a menudo a una traducción elegante y fluida porque el obligado cambio radical en la estructura de la oración castellana no se produce, o se produce sólo a medias. En el caso que nos ocupa, propongo la alternativa: ...*Ahora sí que estoy contento de haberme marchado*... / *Ahora sí que me alegro de haberme marchado*... / *Hasta ahora no me había alegrado de haberme marchado*...

> *Bei gekräuseltem Barthaar schneidet der Bartschneider nicht vollständig. In diesem Fall entfernen Sie...*

En el caso de *pelo de barba ensortijado, la cortadora de barba no corta totalmente. Por eso...*

(Instrucciones de manejo de una maquinilla eléctrica de afeitar)

Con frecuencia ocurre que ciertas palabras tienen en la lengua un uso diverso y nos cuesta dar con la traducción adecuada porque su significado depende en mayor medida del contexto que otras, como es el caso de *bei*. Por el contrario, ya he mostrado ejemplos de vocablos que provocan asociaciones de sentido muy determinadas y dirigen nuestra traducción (véase al respecto el capítulo 2. 1.). Palabras como *als, wenn, wann* nos sugieren en seguida un significado temporal o condicional, mientras que difícilmente lo relacionamos con *bei*. En el ejemplo, sin embargo, la traducción sí recoge la condicionalidad, pero la expresión es demasiado rebuscada. El texto ganará en fluidez si escribimos: *Si el pelo de la barba es rizado, la cuchilla no apura bien. En tal caso... / Si la barba es rizada, la cuchilla...*

Asja saß auf dem Bett. Ich hatte große Freude davon, wie sie meine Koffer auspackte und ordnete; dabei behielt sie ein paar Krawatten für sich, die ihr gefielen.

(Walter Benjamin, *Moskauer Tagebuch...*, p. 28)

Asia se sentó en la cama. Me produjo una gran alegría que deshiciera y ordenara mis maletas, quedándose con un par de corbatas que le gustaron.

(Walter Benjamin, *Diario de Moscú...*, p. 25)

La traducción recoge la correlación temporal inmediata de las dos acciones que expresa el *dabei*: la de deshacer las maletas y la de quedarse con las corbatas, pero no atina con la versión correcta de la misma en castellano; el *gerundio de posterioridad* no es correcto en nuestra lengua.[5] Propongo: *Me produjo una gran alegría*

---

5. El llamado *gerundio de posterioridad* expresa siempre una acción posterior a la del verbo principal.

que deshiciera y ordenara mis maletas; se quedó con un par de corbatas...

> *Den Abschluß der Studiengänge an allen Hochschulen bildet grundsätzlich das Diplom, wobei ein gradueller Unterschied besteht zwischen dem Universitäts-Diplom und dem Fachhochschul-Diplom...*

(Biowissenschaften..., p. 32)

> *Las carreras estudiadas en todos los centros de enseñanza superior concluyen por lo general con el «Diploma», debiéndose recordar que existe una diferencia de grado entre el «Diploma» de una universidad y el de una «Fachhochschule»...*

(Las ciencias biológicas..., p. 32)

Existe una tendencia a traducir las estructuras alemanas *dabei + verbo conjugado, wobei + verbo conjugado* por una construcción de gerundio, que casi siempre es gramaticalmente incorrecta. Podríamos corregirlo del modo siguiente: *Las carreras que se estudian en todos los centros de enseñanza superior concluyen por lo general con el «Diploma»; conviene recordar que existe una diferencia...*

> *Es hat sich eine Dämmerung aufgemacht; aus ihren Falten werden tiefere Finsternisse fallen. Wo einer fragt, werden andere keine Antwort wissen, und wo Antworten gegeben werden, werden Fragen warten.*

(Stephan Hermlin, Abendlicht..., p. 7)

> *El crepúsculo despliega su abanico de colores sobre la línea del horizonte; de sus repliegues brotarán brumas cada vez más densas. Allí donde* alguien formule una pregunta, *no habrá quien pueda contestarla;* allí donde *haya una respuesta, quedarán interrogantes al acecho.*

(Stephan Hermlin, Luz de atardecer..., p. 7)

Asociamos demasiado fácilmente el *wo* alemán con un lugar, como se desprende de la traducción *allí donde*; pero, además de este sentido local, *wo* tiene un significado condicional o adversativo que a menudo se nos resiste: *Si alguien formula una pregunta, habrá quien no pueda contestarla; y cuando tenemos las respuestas, quedan interrogantes al acecho / Alguien formulará una pregunta, pero habrá quien no pueda contestarla; a veces se tienen las respuestas, pero faltan las preguntas.*

> *...wie es mit meinem Drama geht, weiß ich nicht; es mögen wohl fünf bis sechs Wochen sein, daß mir Gutzkow schrieb, es werde daran gedruckt, seit der Zeit habe ich nichts mehr darüber gehört. Ich denke, es muß erschienen sein, und man schickt es mir erst, wenn die Rezensionen erschienen sind, zugleich mit diesen zu. Anders weiß ich mir die Verzögerung nicht zu erklären. Nur fürchte ich zuweilen für Gutzkow; er ist Preuße und hat sich neuerdings durch eine Vorrede zu einem in Berlin erschienenen Werke das Mißfallen seiner Regierung zugezogen.*

(Georg Büchner, *Werke und Briefe...*, pp. 270-271)

De mi drama no sé nada; hará cinco o seis semanas que me escribió Gutzkow que ya estaban imprimiéndolo; desde entonces no he vuelto a saber nada. Pienso que ya lo habrán publicado y que me lo mandarán junto con las reseñas cuando hayan salido éstas. No se me ocurre otra explicación del retraso. Solamente, a veces tengo miedo por Gutzkow; es prusiano y hace poco se ha atraído las iras de su gobierno con el prólogo de una obra aparecida en Berlín.

(Georg Büchner, *Cartas*, en: *Obras completas...*, p. 248)

Es fácil la asociación inmediata del alemán *nur* con el castellano *sólo* o *solamente*. Sin embargo, del contexto se desprende que la palabra tiene un claro sentido concesivo o adversativo que debiera reflejar la traducción: *No se me ocurre otra explicación del retraso, aunque a veces tengo miedo por Gutzkow; es prusiano y hace poco se ha atraído las iras de su gobierno con el prólogo de una obra publicada en Berlín.*

Beim *Stände»staat» dürfte man weder von einem monistischen noch einem dualistischen oder pluralistischen Staate sprechen, höchstens von einem Gemenge wohlerworbener Rechte und Privilegien.*

(Carl Schmitt, *Verfassungslehre...*, p. 45)

Con referencia al *«Estado» de estamentos, no podría hablarse ni de un estado monista ni de uno dualista o pluralista; a lo sumo, de un conglomerado de derechos bien adquiridos y de privilegios.*

(Carl Schmitt, *Teoría de la Constitución...*, p. 67)

Si hubiéramos querido redactar esta idea directamente en castellano, es decir, si no se tratara de una traducción, seguramente hubiéramos utilizado una expresión muy diferente; por ejemplo: *En el caso del «Estado» de estamentos... / Por lo que refiere al «Estado» de estamentos...*

Wir werden die etablierten Parteien und Parlamente und Gerichte nicht aus ihrer Verantwortung entlassen oder gar herausdrängen.

(Petra Kelly, *Um Hoffnung kämpfen...*, p. 14)

No dispensaremos de su responsabilidad a los partidos, parlamentos y tribunales establecidos, ni menos hemos de desplazarlos de ella.

(Petra Kelly, *Luchar por la esperanza...*, p. 16)

Traducir *gar* por *ni menos* es sólo una aproximación. Podríamos decir que el traductor busca en la dirección correcta, pero no atina, sino que se mueve sólo alrededor. Todo el pasaje en general resulta forzado. Por ello la alternativa que propongo corrige la traducción de otras palabras a mi entender poco afortunadas, además de la de *gar: No eximiremos de su responsabilidad a los partidos ni a los parlamentos y tribunales establecidos, y menos aún pretendemos suplantarlos,* o bien esta otra versión: *No eximiremos de su responsabilidad ... y desde luego no pretendemos suplantarlos.*

2.5. Los referentes

2.5.1. Referentes cuya traducción es innecesaria

El alemán utiliza muchos más referentes que el castellano por imposición de las reglas de su gramática. Nuestra lengua no exige este requisito con la misma frecuencia. De este modo, y por la tendencia mimética hacia el texto original que tiene el traductor, ocurre que se traducen referentes cuando en castellano suena mal por ser innecesario:

> *Mein Zimmer ist gut geheizt und geräumig, der Aufenthalt* darin *angenehm.*

> (Walter Benjamin, *Moskauer Tagebuch...*, p. 20)

> *Mi habitación está bien caldeada y es espaciosa; la estancia* en ella, *agradable.*

> (Walter Benjamin, *Diario de Moscú...*, p. 17)

Es probable que el traductor haya notado que su versión resulta poco auténtica, pero que se haya visto obligado por otras razones a preferir esta versión para evitar la ambigüedad: omitiendo *en ella*, la estancia de la que se habla en el texto puede interpretarse como *estancia en Moscú* —puesto que el autor está relatando su llegada a esta ciudad y las primeras impresiones de la acogida que se le depara—. Sea como fuere, habría que buscar otro camino: *Mi habitación está bien caldeada y es espaciosa y agradable.*

> *Ein gemeinsames Positionspapier der Kultus- und Finanzminister der Länder sieht erhebliche Veränderungen... vor. Die Minister gehen* darin *erstmals von gleichen statistischen Grunddaten aus.*

> (In Press, *Bildung und Wissenschaft*, Nr. 7/8, 1992..., p. 3)

Una primera declaración de principios de los ministros de Educación y de Hacienda de los Länder prevé cambios considerables... Los ministros parten para ello por vez primera de datos estadísticos idénticos.

(In Press, *Educación y Ciencia*, nº 7/8, 1992..., p. 3)

En castellano, el contexto es suficiente para que sepamos que los datos estadísticos en los que se han basado los ministros han servido para realizar su declaración de principios; no hace falta insistir en este punto como ocurre en alemán. Hay que suprimir esta referencia tan específicamente expresa: *...Los ministros parten por vez primera de datos...*

Beim Diktieren einer größeren Anzeige an eine Bezirkshauptmannschaft im Bureau... blieb ich stecken und konnte nichts als das Maschinenfräulein K. ansehn, die nach ihrer Gewohnheit besonders lebhaft wurde, ihren Sessel rückte, hustete, auf dem Tisch herumtippte... Endlich habe ich das Wort «brandmarken» und den dazu gehörigen Satz...

(Franz Kafka, *Tagebücher...*, p. 50-51)

En la oficina, dictando una extensa circular para un alto mando de la policía del distrito, al final... me quedé atascado y no podía hacer otra cosa que mirar a la señorita K., la mecanógrafa, quien, según su costumbre, se volvió especialmente activa, movió su sillón, tosió, tamborileó sobre la mesa con las puntas de los dedos... Por fin doy con la palabra «estigmatizar» y con la frase adecuada a ella, pero...

(Franz Kafka, *Diarios...*, p. 69)

A mi entender, sobra la traducción directa de *dazu: ...Por fin doy con la palabra «estigmatizar» y con la frase adecuada, pero...*

Georg Lukács escribe al referirse al desarrollo histórico de Alemania:

Es hat an dem großen wirtschaftlichen und kulturellen Aufschwung des 16. und 17. Jahrhunderts nicht teilgenommen; seine Massen, _die der entstehenden bürgerlichen Intelligenz einbegriffen, bleiben weit hinter der Entwicklung der großen Kulturländer zurück. Das hat vor allem materielle Gründe. Diese bestimmen aber auch gewisse ideologische Eigentümlichkeiten dieser deutschen Entwicklung._

(Georg Lukács, _Die Zerstörung der Vernunft_..., Bd.I, p. 40)

Alemania no tomó parte en el gran auge económico y cultural de los siglos XVI y XVII; sus masas, incluyendo las de la naciente intelectualidad burguesa, quedaron muy a la zaga del desarrollo de los grandes países civilizados. Las razones de esto _son, sobre todo, de orden material. Pero éstas determinan también, a su vez, algunas de las características ideológicas de la trayectoria de Alemania._

(Georg Lukács, _El asalto a la razón_..., p. 32)

Sería suficiente escribir:..._sus masas... quedaron muy a la zaga del desarrollo de los grandes países civilizados. Las razones son, sobre todo, de orden material. Pero éstas determinan a su vez..._

Ich sah mich im Zimmer um, der Tisch war bedeckt mit den Resten eines scheinbar ausgiebigen Tees, den hier _zumindest drei Personen mußten eingenommen haben._

(Walter Benjamin, _Moskauer Tagebuch_..., p. 43)

Observé la habitación; sobre la mesa aún estaban los restos de un té, al parecer abundante, que habían debido de tomar en ella _al menos tres personas._

(Walter Benjamin, _Diario de Moscú_..., p. 38)

Con independencia de la interpretación que se haga de _hier_ —podría referirse tanto a _Zimmer_ como a _Tisch_—, el texto castellano resulta mejor traducido prescindiendo de la alusión pronominal _en ella_, puesto que el sentido ya se desprende de lo dicho: _...sobre la mesa aún había restos de un té, al parecer abundante, que habían debido de tomar al menos tres personas._

«*Du hast ganz recht, Effi, wir wollen die langen Gardinen oben kürzer machen. Aber es eilt nicht damit, um so weniger, als es nicht sicher ist, ob es hilft...*»

(Theodor Fontane, *Effi Briest...*, p. 60)

—*Tienes toda la razón, Effi. Mandaremos acortar los visillos de arriba. Pero no corre prisa, tanto menos cuanto que no es seguro que ello sirva para algo.*

(Theodor Fontane, *Effi Briest...*, p. 81)

Sin el pronombre el texto castellano resulta más auténtico: ...*tanto menos cuanto que no es seguro que sirva de nada.*

Aber den plebejischen Massen in der Französischen Revolution war z. B. die Einsicht, daß die Intrigen des Hofes mit den feudal-absolutistischen ausländischen Mächten die Revolution gefährden, unvergleichlich leichter zugänglich als den Massen in Deutschland zur Zeit der Revolution von 1848 die wirkliche Beziehung von nationaler Einheit und Außenpolitik, vor allem, daß zur Erlangung der nationalen Einheit ein revolutionärer Krieg gegen das zaristische Rußland notwendig gewesen wäre, wie ihn Marx in der «Neuen Rheinischen Zeitung» ununterbrochen mit großer Klarheit propagierte.

(Georg Lukács, *Die Zerstörung der Vernunft...*, Bd.I, pp. 47-48)

Pero en la Revolución francesa, por ejemplo, a las masas plebeyas les era incomparablemente más fácil percatarse de que las intrigas de la corte con las potencias feudal-absolutistas extranjeras ponían en peligro la revolución, que a las masas alemanas, en los días de la revolución de 1848, darse cuenta de las verdaderas relaciones existentes entre la unidad nacional y la política exterior y comprender, sobre todo, que para conquistar la unidad nacional habría sido necesario establecer una guerra revolucionaria contra la Rusia zarista, como Marx lo proclamaba con una gran claridad e incansablemente desde las columnas de la «Nueva Gaceta Renana».

(Georg Lukács, *El asalto a la razón...*, p. 39)

La traducción castellana delata el origen alemán de la fuente. Propongo: *...que para conquistar la unidad nacional habría sido necesario llevar a cabo una guerra revolucionaria contra la Rusia zarista, como Marx proclamaba...*

> *Die Wirtschafts- und Währungsreform Ludwig Erhards ist in ihren Einzelheiten heute nicht zu kopieren. Dazu sind die Umstände zu andersartig.*

> *Hoy en día no es posible copiar la reforma económica y monetaria de Ludwig Erhard en todos sus detalles. Las circunstancias son demasiado diferentes* para ello.

Salta a la vista la influencia del texto original. En castellano es suficiente escribir: *...Las circunstancias son demasiado diferentes.*

2.5.2. *Los referentes y la ambigüedad de sentido*

Fíjese el lector en el texto siguiente:

> *No es de extrañar que las distintas filosofías de la vida surjan y se desarrollen en momentos en los que, como sucede a principios de siglo, se extienden unos modos de ser, de pensar y de hacer deudores de las grandes innovaciones económicas, científicas y tecnológicas con que se abre la llamada Edad Contemporánea, que, en principio, parecen oponerse a lo que intuitivamente entendemos por «vida».*

(Prólogo de: Georg Simmel, *El individuo y la libertad...*, p. 5)

Aunque el verbo *parecen* está en plural y obligue al lector a buscar un sujeto en concordancia con la persona del verbo, en el curso de la lectura lo primero que se relaciona como sujeto del *que* es *Edad Contemporánea* por la proximidad inmediata al referente *que*. Es evidente que una breve reflexión sobre la sintaxis de la frase deshace el malentendido y nos obliga a buscar un sujeto plural: *unos modos de ser, de pensar y de hacer*, pero la comprensión fluida de la lectura se ve dificultada por este hecho. Hay que

evitar pues la ambigüedad del sentido, aunque ésta sólo se produzca por un momento. La comprensión no quedaría interceptada si
sustituimos *que* por *los cuales*, puesto que entendemos inmediatamente que su antecedente ha de ser plural, pero el texto resulta
más ligero y elegante si cambiamos toda la estructura anterior:
*...unos modos de ser, de pensar y de hacer... que abren la llamada
Edad Contemporánea y que, en principio, parecen oponerse a...*

El ejemplo al que acabo de referirme muestra el fenómeno de la
ambigüedad referencial a través de un texto redactado directamente en castellano (se trata del prólogo a la obra traducida de
Simmel). Es natural que el creador de un texto no se percate
fácilmente del problema, puesto que es él mismo quien concibe la
idea y sabe ya por tanto claramente a lo que se refiere. Pero otra
cuestión bien distinta es si el autor consigue transmitir su pensamiento a sus lectores con la misma nitidez.

Ya he aludido anteriormente a la coautoría de quien traduce.
Como coautor que en cierto sentido es del texto en el que trabaja,
con frecuencia al traductor le pasan igualmente desapercibidas
estas ambigüedades, tanto más cuanto que la atención que reclama el desciframiento del original puede incrementar las posibilidades de distracción.

Veamos algunos ejemplos:

> *An diesem Morgen fühlte ich sehr viel Kraft und es gelang mir
> darum, von meinem moskauer Aufenthalt und seinen verschwin
> dend geringen Chancen bündig und ruhig zu sprechen. Das machte
> Eindruck auf sie.*

> (Walter Benjamin, *Moskauer Tagebuch*..., p. 33)

> *Esta mañana me sentía con muchas fuerzas, y así logré hablar
> franca y sosegadamente de mi estancia en Moscú y de sus escasísimas
> posibilidades. Esto la impresionó.*

> (Walter Benjamin, *Diario de Moscú*..., p. 29)

¿A qué posibilidades se refiere? ¿A las de la mujer con quien está
hablando?, ¿a las de su estancia en Moscú? En alemán queda
claramente diferenciado gracias a la distinción que esta lengua

hace entre el posesivo masculino o neutro y el femenino, pero en castellano, la utilización del pronombre posesivo resulta ambigua a menudo, precisamente porque no hace esta distinción. Propongo: *...de mi estancia en Moscú y de las escasísimas posibilidades que tenía de quedarme en la ciudad.*

Konrad Lorenz, estudioso del comportamiento de los animales, refiere las dificultades que encontró su cacatúa al pasar de una vida de completa cautividad a una situación de «libertad controlada» del modo siguiente:

Anfänglich konnte er nicht begreifen, daß er nicht mehr angehängt sei und sich frei bewegen dürfe. Es war ein mitleiderregender Anblick, wie der stolze Vogel, auf einem Baumast sitzend, immer wieder zum Fluge ansetzte, aber nicht anzufliegen wagte, weil er «nicht glauben konnte», daß er nicht mehr an der Kette hänge! Als er diese Hemmungen endlich überwunden hatte, wurde er ein sehr lebendiges und übermütiges Wesen und entwickelte eine rührende, hundeähnliche Anhänglichkeit an meine Person. Sowie man ihn aus dem Raum freiließ, in den er damals noch nachtsüber ein- geschlossen wurde, *flog er mich suchen...*

(Konrad Lorenz, *Er redete mit dem Vieh...*, p. 143)

Al principio no podía comprender que ya no estaba sujeta y que podía moverse libremente. Era un espectáculo verdaderamente lastimero ver al magnífico animal, posado en una rama, intentando emprender el vuelo, pero sin atreverse a volar realmente, porque «no podía creer» que ya no estaba sujeto a una cadena. Cuando, finalmente, superó todas sus inhibiciones, se convirtió en un ave vivaracha y esforzada y comenzó a mostrarme un afecto enternecedor, semejante al de un perro. Cuando la dejaba salir del lugar en que aún *se encerraba por la noche, volaba a buscarme...*

(Konrad Lorenz, *Hablaba con las bestias...*, p. 234)

De no ser porque nos encontramos en la situación privilegiada de poder consultar el texto alemán, nos veríamos ante un dilema: ¿se encerraba la cacatúa por propia voluntad, siguiendo una costumbre adquirida en su cautiverio, o la encerraba alguien? En castellano *se encerraba* puede interpretarse como un verbo reflexivo o como un verbo en pasiva refleja, por lo que provoca ambigüedad de sentido. Podemos resolver el problema si escribimos: ...*Cuando la dejaba salir del lugar en que aún la encerraba por la noche*...

He aquí otro ejemplo extraído del relato de un sueño que Kafka nos describe en sus diarios:

> *Rings um mich herum ist ein großes Gedränge, alles scheint in seinen Winterkleidern gekommen zu sein und füllt daher die Plätze übermäßig aus. Leute neben mir, hinter mir, die ich nicht sehe, sprechen auf mich ein, zeigen mir Neuankommende,* nennen die Namen...

(Franz Kafka, *Tagebücher*..., pp. 103-104)

> *A mi alrededor hay una gran aglomeración, todo el mundo parece haber acudido con sus ropas de invierno y por este motivo desbordan el espacio de los asientos. Gente a mi lado, detrás de mí (a la que no veo), me interpela, me muestran a los recién llegados,* me dicen sus nombres...

(Franz Kafka, *Diarios*..., p. 145)

Teniendo en cuenta que se trata de un sueño en el que se desarrollan escenas incomprensibles a primera vista, propias del lenguaje onírico, el texto castellano es susceptible de una doble interpretación: los *nombres* a los que se hace referencia pueden ser de la *gente a mi lado* y *detrás de mí* o de *los recién llegados*. Propongo seguir más literalmente el texto alemán, lo cual por otro lado conserva mejor la parquedad y el laconismo del estilo, sin duda intencionados: ... *Hay gente a mi lado y detrás de mí (aunque no la veo), me interpelan, me muestran a los recién llegados, me dicen los nombres*...

> *Ob ich aber ... dem Leben mit ihr mit seiner erstaunlichen Härte und, bei all ihrer Süßigkeit, ihrer Lieblosigkeit gewachsen wäre, weiß ich nicht.*

(Walter Benjamin, *Moskauer Tagebuch*..., p. 52)

Pero lo que no sé es si... podría enfrentarme a una vida con ella, con su asombrosa dureza y, pese a toda su dulzura, su desapego también.

(Walter Benjamin, *Diario de Moscú*..., p. 45)

En el texto alemán no hay duda de que *seine erstaunliche Härte* se refiere a *Leben* (la distinción *sein / ihr* no permite otra interpretación); sin embargo, en la traducción castellana, puede pensarse que *su asombrosa dureza* se refiere a la mujer de la que se habla. La ambigüedad se eliminaría si dijéramos: *Pero lo que no sé es si podría enfrentarme a la vida con ella. La vida es muy dura; y ella, muy fría, aunque sea tan dulce.*

2.6.   El artículo: el valor de su ausencia

El artículo en castellano tiene un valor determinante del sustantivo al que acompaña, del que en general no podemos prescindir, salvo en casos bien regulados por la gramática, que no procede enumerar aquí. En alemán, en cambio, la necesidad de determinación o indeterminación se percibe de diferente manera y se expresa por tanto de un modo distinto. Veamos algunos ejemplos:

...auf all jene Werte, die das Wesen der westlichen Demokratie ausmachen: auf Menschenrechte und Rechtsstaatlichkeit, wirtschaftliche Freiheit und soziale Gerechtichkeit...

...sobre todos aquellos valores que constituyen la esencia de las democracias occidentales: sobre los derechos humanos y el Estado de derecho, libertad económica y justicia social...

(*Scala,* 7/diciembre de 1990, p. 3)

El texto castellano se ha dejado influir por el alemán cuando prescinde del artículo al mencionar los dos últimos miembros de la enumeración. El alemán tiende con mayor frecuencia que el castellano a la indeterminación. A veces también en castellano es correcta la enumeración sin artículo, pero, en cualquier caso, la alternativa por la que se opte debe ser coherente y mantenerse hasta el final. Debiera decir: ...*sobre los derechos humanos y el Estado de derecho, la libertad económica y la justicia social...*

...*in der Proklamation von 1918 sollen die Prinzipien eines neuen Staatswesens aufgestellt werden. Das Privateigentum an* Grund und Boden, Bodenschätzen und Gewässern, Fabriken und Banken *wird abgeschafft...*

(Carl Schmitt, *Verfassungslehre*..., p. 160)

...*en la proclamación de 1918 quieren establecerse los principios de un nuevo Estado. Queda abolida la propiedad privada sobre* el suelo, riqueza minera y aguas, fábricas y bancos...

(Carl Schmitt, *Teoría de la Constitución*..., p. 167)

De nuevo se ha roto aquí la congruencia estilística, puesto que el traductor empieza a enumerar con el artículo y luego prescinde de él. Hay que mencionarlo en cada caso: ...*la propiedad privada sobre el suelo, la riqueza minera y las aguas, las fábricas y los bancos...*

...*gibt es in den einzelnen Bundesländern Richtlinien bzw. Sport-curricula. Interessenten können diese bei den zuständigen Länder-ministerien anfordern.*

... *existen en cada Estado Federal las respectivas directrices y un currículo del deporte. Interesados pueden solicitarlos en los correspondientes ministerios regionales.*

(Folleto informativo sobre el deporte en la RFA)

La generalización, que en alemán se refuerza con la ausencia del artículo, no es correcta en castellano, salvo en casos en que se trate de un texto que pretenda dar una información de un modo intencionadamente lacónico y, por tanto, quiera prescindir al máximo de lo que no es absolutamente necesario: *prohibida la entrada a menores de 16 años* o *no iniciados abstenerse*. Pero, en estos casos, es evidente que nos estamos sirviendo de un estilo que podríamos llamar *telegráfico* por lo excepcional de su concisión. La traducción hubiera debido decir: *Los interesados pueden solicitar-los...*

He aquí un ejemplo del lenguaje publicitario:

    «*Frida Kahlo*» - **zärtlich geliebtes Opfer**

    «*Frida Kahlo*» - **víctima tiernamente amada**

> (Título de un artículo sobre teatro en: *Kultur Chronik...*,
> 3/1992, p. 10)

Propongo aquí: «*Frida Kahlo*», *una víctima amada con ternura.*

A propósito del relato de un caso de huida de Berlín oriental a Berlín occidental, en el que fue mortalmente herido el prófugo leemos:

> «*Mörder!*» *schrien die Westberliner immer wieder, stundenlang. Nach West-Berlin einfahrende Fahrzeuge mit Sowjetsoldaten wurden mit Steinen beworfen.*

> «*¡Asesino!*», *siguieron gritando los berlineses occidentales durante horas. Vehículos que entraron en Berlín occidental con soldados soviéticos fueron apedreados.*

> (*Es geschah an der Mauer...*, p. 56)

En castellano se requiere el artículo: *...Los vehículos que entraron en Berlín...*

O en este otro ejemplo en el que sucede lo contrario:

Er war Österreicher. _In Westberlin hatte er in einem Autoleihge-schäft auf dem Kurfürstendamm einen Wagen entdeckt, der so niedrig war, daß er unter dem Schlagbaum hindurchpaßte._

Era un austríaco. _En una tienda de alquiler de automóviles de la Kurfürstendamm de Berlín occidental había descubierto un coche tan bajo que pasaba por debajo de la barrera._

(_Es geschah an der Mauer..._, p. 40)

En el texto castellano, el uso del artículo indeterminado hace esperar al lector que siga algo referido al tipo de austríaco que era la persona descrita en cuestión (por ejemplo, _era un austríaco al que no le gustaba el vals_). Cuando se alude al país de procedencia de una persona, en castellano no se usa el artículo: _Era austríaco..._

Franz Beckenbauer, seit zwei Jahrzehnten zuständig für Glanz und Gloria _des deutschen Fußballs, hat das Ende seiner dann sechsjährigen Amtszeit als Teamchef der Nationalmannschaft selbst bestimmt,_ Ort und Zeitpunkt _seines Rücktritts passend gewählt: 8. Juli 1990, Tag des Finales der «Mondiale» in Italien._

Franz Beckenbauer, desde hace dos decenios responsable del esplendor y gloria _del fútbol alemán, ha decidido poner fin a su ciclo oficial de seis años como jefe del equipo de la selección nacional. Lugar y fecha de su retiro ha sido adecuadamente escogido: el 8 de julio de 1990, el día de la Final del «Mondiale», en Italia._

(_Scala_, 3/abril de 1990, p. 31)

El ejemplo recoge distintos tipos de problema en relación con la traducción de los artículos. En el primer caso, se trata de un descuido muy frecuente cuando se siguen elementos oracionales de distinto género, unidos por la conjunción copulativa _y_: se omite el segundo artículo, aunque la diferencia de género haga necesaria su presencia; en el segundo caso, la traducción se ha dejado influir directamente por el texto alemán. Propongo la siguiente alternativa, que mejora de paso la construcción pasiva, nada habitual en castellano en estos casos (véase al respecto el capítulo 3.1.2.): _Franz Beckenbauer, desde hace dos decenios responsable del es-_

plendor y la gloria del fútbol alemán ha decidido poner fin a su ciclo oficial de seis años como jefe del equipo de la selección nacional. El lugar y la fecha de su dimisión no podían ser más adecuados...

2.7. La incoherencia semántica

Cuando oímos decir de alguien que emitió un *grito suave* o que camina dando *pasos breves* pensamos que algo no funciona en su modo de hablar: en ambas expresiones los elementos no encajan bien entre sí. Un grito es de por sí sonoro, y si lo que el hablante pretende decir es que el grito no se oyó con toda la fuerza con que acostumbra a producirse, hablaremos entonces de un *grito ahogado* o de un *grito sordo*. En el segundo caso diremos que la persona a quien nos referimos camina dando pasos *cortos*. En los ejemplos de arriba se ha producido una incoherencia semántico-estilística, un cruce resultante de asociaciones de significados en la mente del que habla. Al traducir es fácil que estos cruces se produzcan con frecuencia y que no se consiga ganar la distancia necesaria para percatarse de ello:

> *In ihren schneebedeckten engen Gängen ist es still, man hört nur den* leisen Jargon *der Kleiderjuden, die da ihren Stand neben dem Kram der Papierhändlerin haben...*

> (Walter Benjamin, *Moskauer Tagebuch...*, p. 31)

> *En sus angostas callejas, cubiertas de nieve, reina el silencio; sólo se escucha la* suave jerga *de los judíos vendedores de confección que tienen allí su puesto junto a las mercaderías de la vendedora de papel...*

> (Walter Benjamin, *Diario de Moscú...*, p. 31)

¿Puede ser *suave* la jerga? El sustantivo requiere un adjetivo que haga referencia al sentido del oído y no al del tacto. El problema podría resolverse también a través de un sustantivo que, sin necesidad de adjetivación, expresara el silencio reinante y el tono bajo de las voces al que se alude con el adjetivo alemán *leise*. Resultaría más adecuado por ejemplo: *...sólo se escucha el rumor de la jerga de los judíos vendedores de confección...*

Er hatte die Disposition des Künstlers: der in krassem Egoismus *darauf achtet, daß seine Haut nicht geritzt werde...*

(*Kultur Chronik...*, 3/1992, p. 13)

Era de la índole del artista, que con duro egoísmo *pone mucho cuidado en que nadie rasguñe su piel...*

(*Kultur Chronik...*, 3/1992, p. 13)

¿Puede decirse en buen castellano del egoísmo que es duro? Propongo: *Era de la índole del artista, que movido por un exacerbado egoísmo pone mucho cuidado...*

Bisher wurden Kläranlagen in Spanien ausschließlich auf den Abbau von Kohlenstoffverbindungen bezogen bemessen. *Das neue Wassergesetz Spaniens...*

Hasta ahora, las estaciones depuradoras españolas han sido calculadas *únicamente para la descomposición de los compuestos derivados del carbono. La nueva ley española sobre las aguas...*

(*20 Jahre Deutsch-Spanische Zusammenarbeit...*, p. 27)

¿Puede considerarse correcto decir en castellano que se *calcula* una estación depuradora? En este contexto sería mejor: *...las estaciones depuradoras españolas han sido previstas únicamente para la descomposición de...* / *...las estaciones depuradoras españolas han sido concebidas únicamente para...*; o mejor aún, eliminando la estructura pasiva: *...las estaciones depuradoras españolas prevén únicamente la descomposición de...*

Es gibt auch sehr große Figuren aus dieser Masse, die leicht ins groteske spielende *Typen darstellen und schon einer Verfallsperiode angehören.*

(Walter Benjamin, *Moskauer Tagebuch*..., p. 58)

También hay figuras de esta misma pasta que representan a personajes ligeramente rayanos *en lo grotesco y que pertenecen ya a un período de decadencia.*

(Walter Benjamin, *Diario de Moscú*..., p. 50)

Empleamos el adjetivo *rayano* para referirnos a algo que está en el límite entre dos cosas de distinta naturaleza. Un límite no admite grados, tal como sugiere el adverbio *ligeramente*. Propongo: ...*que representan a personajes rayanos en lo grotesco*... / ...*que representan a personajes casi grotescos*...

Die ersten sportlichen Gemeinschaften, die sich nach dem Kriegsende wieder bilden durften, waren die Vereine. Ca. 60.000 Turn- und Sportvereine nehmen *heute* über 19 Millionen Menschen auf.

(*Informationen zu Sportwissenschaft*..., p. 17)

Las primeras asociaciones deportivas que consiguieron autorización para organizarse después de la guerra fueron los clubes. Alrededor de 60.000 clubes deportivos y gimnásticos amparan *en la actualidad* a más de 19 millones de personas.

(*Informationen zu Sportwissenschaft*..., p. 84)

¿Se dice de un club deportivo que *ampara* a sus socios? Por lo menos, no es éste el sentido que se desprende del original. Propongo: *Alrededor de 60.000 clubes deportivos acogen en la actualidad*...

Den Kranken hatte ich nach seinem Geburtsjahre gefragt und ihn wiederholt zu kleinen Berechnungen *veranlaßt, um seine* Gedächtnisschwächung klarzulegen; Proben, *die er übrigens noch recht gut* bestand.

(Sigmund Freud, *Die Traumdeutung*..., p. 424)

...pregunté al paciente la fecha de su nacimiento y le hice verificar luego algunos pequeños cálculos para investigar el grado de debilitación de su memoria, pruebas que sostuvo aún satisfactoriamente.

(Sigmund Freud, *La interpretación de los sueños...*, p. 19)

¿Decimos de un cálculo que es *pequeño*? ¿Podemos *investigar* el grado de debilitamiento de la memoria o *sostener* una prueba? No cabe duda de que ha habido cruces de diversas procedencias, aunque sólo *pequeños cálculos* es un claro calco del original alemán. Propongo una nueva redacción: *...le hice resolver algunas operaciones sencillas para determinar hasta qué punto le fallaba la memoria, pruebas que por cierto logró superar satisfactoriamente.*

Zurück über die Twerskaja und in den Twerskoi-Boulevard zum Dom Gerzena, dem Sitz der proletarischen Schriftstellerorganisation Wap. Gutes Essen, von dem mich die Anstrengung, die das Gehen in der Kälte mich gekostet hatte, wenig genießen ließ.

(Walter Benjamin, *Moskauer Tagebuch...*, p. 18)

Vuelta por la Tverskaya entrando en el bulevar Tverskoi en dirección al Dom Gerzena, sede de la organización de los escritores proletarios Vap. Buena comida, de la que la fatiga causada por andar con tanto frío me permitió disfrutar poco.

(Walter Benjamin, *Diario de Moscú...*, p. 15)

Me permitió disfrutar poco no es castellano, sino de nuevo *tercera lengua*. En realidad, *disfrutar poco* es una expresión contradictoria porque *disfrutar de algo* se resiste a una gradación: el verbo hace referencia a un sentimiento de goce o placer intensos que en sí mismo rechaza la idea de una disminución. Propongo la siguiente alternativa: *...de la que no pude disfrutar por causa del frío, que me había fatigado mucho.*

Der DAAD stellt in der *vorliegenden* Broschüre *zum dritten Mal* solche Studiengänge vor. *Sie bietet erste Informationen und will Aufforderung und Hilfe zum Weiterfragen sein.*

(*Aufbaustudiengänge an Hochschulen...*, p. 11)

La presente guía, en la cual el DAAD ha reunido *por tercera vez* este tipo de estudios, *está concebida como fuente de información preliminar y como invitación y orientación general para recabar información puntual.*

(*Ampliación de estudios...*, p. 11)

Unos e*studios* no pueden *reunirse*. En todo caso diremos: *...ha reunido por tercera vez la información necesaria para cursar este tipo de estudios... / ...para cursar estas especialidades...* Aunque todo el párrafo emana esa *tercera lengua* tan frecuente en las traducciones, por lo que creo más conveniente cambiar por completo su redacción: *Con la tercera edición de la presente guía sobre ampliación de estudios, el DAAD se propone ofrecer a los interesados información general y orientativa sobre los mismos.*

Ich kann Dir nichts Näheres sagen, aber ich kenne die Verhältnisse, ich weiß ... wie zerstückelt die liberale Partei ist, ich weiß, daß ein zweckmäßiges, übereinstimmendes Handeln unmöglich ist, und daß jeder Versuch auch nicht zum *geringsten* Resultate führt.

(Georg Büchner, *Werke und Briefe...*, p. 269)

No puedo darte más detalles, pero conozco la situación, sé... cuán dividido está el partido liberal, sé que es imposible una acción concertada y eficaz y que cualquier intento no aportaría *el más mínimo* resultado.

(Georg Büchner, *Obras completas*, ed. Trotta..., p. 247)

En castellano no decimos *aportar un resultado*, sino *reportar un resultado*, en el sentido de *dar algo un fruto o provecho.* El cortocircuito parece haberse producido dentro de la misma lengua terminal, por la similitud etimológica y fonética entre ambos vocablos. La traducción debiera decir: *...sé que es imposible una acción concertada y eficaz y que ningún intento reportaría el más mínimo resultado.*

Das für mich Selbstverständliche des sinnlosen Um-Wasser-Bittens und das außerordentlich Schreckliche *des Hinausgetragenwerdens konnte ich meiner Natur nach niemals in die richtige Verbindung bringen. Noch nach Jahren litt ich unter der quälenden Vorstellung, daß der riesige Mann, mein Vater, die letzte Instanz, fast ohne Grund kommen und mich in der Nacht aus dem Bett auf die Pawlatsche tragen konnte...*

(Franz Kafka, Brief an den Vater..., p. 11)

Por mi manera de ser, jamás pude establecer la justa proporción entre el hecho de pedir agua sin más ni más, que para mí era natural, y el hecho, excesivamente espantoso, *de que me sacasen fuera. Años después seguía martirizándome aún la idea de que el hombre gigantesco, mi padre, la última instancia, podía venir a mí casi sin motivo alguno, sacarme de la cama en plena noche y llevarme a la terraza...*

(Franz Kafka, Carta al padre..., p. 13)

Todo lo *espantoso* es, de por sí, *excesivo*; de ahí que resulte redundante la combinación. Se trata de enfatizar lo espantoso en un castellano correcto:*...la justa proporción entre el hecho de pedir agua sin más ni más, que para mí era natural, y el hecho de que me sacasen fuera, que tanto espanto me producía...*

«...Und es soll betont werden, daß die mentale Reaktionsgeschwindigkeit maßgebend dafür ist, ob der Entdecker dem einen Typus oder dem andern zugehört. Forscher mit sehr großer Reaktionsgeschwindigkeit sind Romantiker, solche mit geringer *sind Klassiker.»*

(Carl Gustav Jung, Psychologische Typen..., p. 347)

«...Y ha de hacerse notar que la mental velocidad de reacción es el indicio por el que sabremos si el investigador pertenece a un tipo o

si pertenece a otro. Los investigadores dotados de una gran veloci-dad de reacción son románticos y son clásicos los dotados de una velocidad de reacción escasa.»

(Carl Gustav Jung, Tipos psicológicos..., p. 73-74)

Cuando decimos de alguien que está *dotado de una cualidad* nos referimos a una cualidad estimable, un rasgo positivo, y no negativo, como es el caso del ejemplo. Debemos corregir la discordancia semántica: ...*y son clásicos los que se caracterizan por una escasa velocidad de reacción.*

Capítulo tercero

Las estructuras

3.1. El calco estructural

En el capítulo dedicado al léxico me he referido ya a la tentación a la que a menudo sucumbe el traductor al dejarse llevar más por la apariencia formal del lenguaje que por el sentido del mensaje que transmite. Esta tendencia, que allí he ilustrado en relación con vocablos aislados, se hace extensiva a las partes de una proposición y con frecuencia abarca proposiciones y hasta oraciones enteras. El producto resultante es una lengua rígida y nada fluida que entorpece la lectura y a veces incluso dificulta la comprensión. El fenómeno del calco se produce con tanta frecuencia que pudiera decirse que se tiene miedo de dejar la estructura conocida que nos viene servida por el texto original; parece como si separarnos de ella supusiera un salto al vacío, y es precisamente ese salto el que debemos dar para desprendernos de modos de hablar y de escribir que no son genuino castellano.

Los siguientes ejemplos muestran el fenómeno al que me refiero a través del calco de las construcciones más diversas:

> *Es herrscht die Zeit, wo die autoritären Herrschaftseliten sich mehr auf die Zukunft ihrer Herrschaft als auf die Zukunft der Menschheit zu konzentrieren pflegen.* Es bleibt uns nichts anderes übrig, als mehr Demokratie zu wagen.
>
> (Petra Kelly, *Um Hoffnung kämpfen...*, p. 14)

> *Estamos en una época en que las elites de la hegemonía autoritaria se cuidan más del futuro de su dominación que del futuro de la humanidad.* No nos queda a todos nosotros otra cosa más que atrevernos a una mayor democracia.
>
> (Petra Kelly, *Luchar por la esperanza...*, p. 16)

Convendría olvidarse por completo de la estructura del original, liberarse de ella: *No nos queda más remedio que apostar por una democracia mucho más profunda.*

Es liegt im Wesen jeder Zensur, *daß man von den unerlaubten Dingen das, was* unwahr *ist, eher sagen darf als die Wahrheit.*

(Sigmund Freud, *Die Traumdeutung...*, p. 422)

En la naturaleza de toda censura está *el dejar libre paso a conceptos* inciertos *sobre las cosas prohibidas antes que a los estrictamente verdaderos.*

(Sigmund Freud, *La interpretación de los sueños...*, p. 17)

La expresión sigue al dedillo la de la lengua original y resulta forzada. En castellano hubiéramos formulado la misma idea de otra manera. Pero este ejemplo, además del calco estructural, presenta un caso de lo que antes he denominado *falsos amigos léxicos* (véase el capítulo correspondiente), pues traduce el alemán *unwahr* por el castellano *incierto*. Se trata de una asociación basada en el paralelismo morfológico que existe entre ambas palabras (al. *un* = cast. *in*; al. *wahr* = cast. *cierto*). Sin embargo, esta asociación provoca una traducción incorrecta, pues *unwahr* no significa en castellano *incierto*, sino *falso, no verdadero.*

Obsérvese cómo el calco estructural condiciona la redacción de todo lo que sigue de manera negativa: todo el pasaje resulta amanerado. Habría que buscar la sencillez para hacer inteligible el sentido de lo que se dice evitando vericuetos innecesarios. Por ejemplo: *La censura tiende por naturaleza a decir lo que no es verdad de las cosas prohibidas, y no la verdad.*

Bei 25 Patienten wurde der Laserbohrer bisher versuchsweise *eingesetzt.* Außer einem «leichten Pieksen» war nichts zu spïren.

Este torno-láser ha sido experimentado hasta ahora en 25 pacientes. Fuera de un «ligero pinchazo», no sintieron nada más.

(*Scala*, 7/diciembre de 1990, p. 9)

Es evidente que al texto le falta fluidez: *Sólo sintieron un «ligero pinchazo»*, o bien *No sintieron más que un ligero pinchazo*.

Wieviel an technischer Intelligenz und an physikalischem Genie werden investiert und letzten Endes *verschwendet, an neuen Waffensystemen*... Angewendet *bedeuten sie Tod und Vernichtung*, nicht angewendet *starren sie mit fast schon metaphysischer Blödheit in den Himmel oder hocken in Bunkern*.

(Heinrich Böll, *Vorwort*, in: Petra Kelly, *Um Hoffnung kämpfen*..., p. 9)

¡Cuánta inteligencia técnica y cuánto genio físico se invierten, y en último término se despilfarran, en nuevos sistemas de armas...! Utilizados, significan muerte y aniquilamiento; no utilizados, *miran al cielo de hito en hito con una estupidez casi metafísica, o están encerrados en el b u n k e r*.

(Heinrich Böll, *Prólogo*, en: Petra Kelly, *Luchar por la esperanza*..., p. 10)

La construcción *utilizados ... no utilizados* resulta del calco estructural del texto alemán. Este uso del participio perfecto en castellano sugiere al lector una acción que se desarrolla con posterioridad a otra, por lo que se entendería: *(una vez) utilizados, significan muerte / después de haber sido utilizados, significan muerte*. Es evidente que el sentido no puede ser temporal, sino condicional.

Pero el ejemplo muestra, además, un caso de mimetismo morfológico al que ya he aludido anteriormente (véase el capítulo 2.2. *Los falsos amigos léxicos*): *en último término* es aquí una traducción literal del alemán *letzten Endes*. La expresión existe en castellano, pero no tiene el sentido que requiere el contexto (en castellano significa *si no hay otro remedio*). El alemán *letzten Endes* se introduce a modo de resumen, de conclusión y mejor matización de lo que se ha dicho antes. El sentido que debiera recogerse en castellano es *en definitiva / en realidad*. Convendría pues escribir por ejemplo: *¡Cuánta inteligencia técnica y cuánto genio de la física se invierten y, en definitiva, se despilfarran!*

¡Cuánto se gasta en nuevos sistemas de armas...! Si se utilizan, significan muerte y aniquilamiento; si no se utilizan... / ¡Cuánta inteligencia técnica y cuánto genio de la física se invierten y acaban en despilfarro...

Bernd Zabel: «*Du gräbst eine Kartoffel aus, und der Computer teilt dir sofort mit,* was das für Konsequenzen für die Lebensgemeinschaft hat.»

Bernd Zabel: «Extraes una patata y la computadora te dice de inmediato qué consecuencias tiene ello para la comunidad vital.»

(*Scala,* 7/diciembre de 1990, p. 4)

El calco de la estructura resaltada es evidente, pero además tenemos aquí de nuevo un ejemplo de calco léxico: ¿qué significa en castellano *comunidad vital* (*Lebensgemeinschaft*)? Un lenguaje más llano resultaría también más adecuado a este tipo de texto, en el que se reproduce la lengua hablada: «*Arrancas una patata y la computadora te dice de inmediato cuáles son las consecuencias para la vida de la comunidad*» / «*Si arrancas una patata, la computadora te dice...*

So scheinen zunächst *alle Wünsche für die Traumbildung von gleichem Wert und* gleicher Macht.
Ich kann hier nicht nachweisen, daß es sich doch eigentlich anders verhält, *aber* ich neige sehr zur Annahme einer strengeren Bedingtheit *des Traumwunsches.*

(Sigmund Freud, *Die Traumdeutung...,* p. 527)

De este modo todos los deseos nos parecen al principio *equivalentes y* de igual poder *para la formación de los sueños.*
No puedo demostrar aquí que en realidad suceden las cosas de otro modo; *pero* me inclino mucho a suponer una más severa condicionalidad *del deseo onírico.*

(Sigmund Freud, *La interpretación de los sueños...,* p. 178)

El párrafo contiene errores de diversa naturaleza: el primero de ellos remite a lo ya tratado anteriormente bajo el epígrafe *El diccionario como enemigo* (véase el capítulo 2): *zunächst* no significa en nuestro contexto *al principio*, sino *a primera vista / a juzgar por la primera impresión*.

Los demás son calcos de diverso calibre: en primer lugar el sintagma alemán *gleicher Macht* fuerza la traducción *de igual poder* y el resto es lo que llamamos una versión literal. Obsérvese el apego al original, a pesar de lo rebuscado de la fórmula resultante. Diríase que la traducción se ha ido contagiando progresivamente del original. Sugiero esta alternativa: *...a primera vista, todos los deseos parecen tener el mismo valor y las mismas posibilidades en la formación de los sueños. No puedo demostrar aquí que en realidad no es esto lo que sucede, pero tengo la práctica seguridad de que el deseo onírico es más selectivo / está sujeto a mayores restricciones.*

> *Besuch bei Daga. Sie sieht besser aus als ich sie früher je sah.*

> (Walter Benjamin, *Moskauer Tagebuch...*, p. 44)

> *Visita a Daga. Tiene mejor aspecto del que yo nunca le había visto.*

> (Walter Benjamin, *Diario de Moscú...*, p. 39)

Con frecuencia la clave está en la concisión: *Tiene mejor aspecto que nunca.*

> *Dr. Schulz hat ... vor einigen Tagen den Befehl erhalten, Straßburg zu verlassen; er hatte hier ganz zurückgezogen gelebt, sich ganz ruhig verhalten und dennoch! Ich hoffe, daß unsere Regierung mich für zu unbedeutend hielt, um auch gegen mich ähnliche Maßregeln zu ergreifen und daß ich ungestört bleiben werde. Sagt, ich sei in die Schweiz gegangen. - Heumann sprach ich gestern. - Auch sind in der letzten Zeit wieder fünf Flüchtlinge aus Darmstadt und Gießen hier eingetroffen und bereits in die Schweiz weiter gereist.*

> (Georg Büchner, *Werke und Briefe...*, p. 269)

...el doctor Schulz ha recibido hace unos días la orden de abandonar Estrasburgo; había vivido aquí completamente retraído, no se había metido en ninguna complicación ¡y a pesar de todo! Espero que nuestro gobierno me haya considerado tan insignificante como para no tomar medidas similares contra mí y que así yo pueda seguir viviendo en paz. Decid que me he marchado a Suiza. Ayer hablé con Heumann. También *han llegado aquí* en los últimos tiempos *otros cinco refugiados, procedentes de Darmstadt y Gießen, que ya han continuado viaje a Suiza.*

(G. Büchner, Cartas, en: Obras completas, ed. Trotta..., p. 247)

En primer lugar, traducir *auch* por *también* es erróneo en este caso, pues induce a pensar que el acontecimiento referido —que hayan llegado otros cinco refugiados— es algo que casualmente ha ocurrido también en algún otro lugar al que, en una carta anterior, se ha referido el destinatario. *Auch* no significa en este contexto *también*, sino que introduce una noticia nueva que se suma a las ya relacionadas por Büchner en la carta. Se trata de un ejemplo del grupo al que me he referido bajo el epígrafe *La importancia de las menudencias* (véase al respecto el capítulo 2).

En el segundo caso, se trata de un calco estructural: el alemán *in der letzten Zeit* se ha traducido textualmente por *en los últimos tiempos* para conservar en lo posible las mismas relaciones sintácticas entre los elementos. Propongo la siguiente versión: *Ayer hablé con Heumann. Otra novedad: recientemente han llegado otros cinco refugiados...*

...denn es geht ja wohl bei Waffen aller Kategorien *um ein kleines bißchen jener vulgären Materie, die man Geld nennt.*

(Heinrich Böll, Vorwort, in: Petra Kelly, Um Hoffnung kämpfen..., p. 9)

...pues en cuestión de armas de cualquier categoría que sea, siempre entra en juego un poquito de esa vulgar materia llamada dinero.

(Heinrich Böll, Prólogo, en: Petra Kelly, Luchar por la esperanza..., p. 10)

El genitivo del texto alemán invita a buscar una estructura de genitivo en castellano; pero en castellano no diríamos *de cualquier categoría, sino sea cual sea su categoría*. La resistencia a prescindir de la estructura en genitivo del texto alemán provoca al fin un extraño híbrido. A esto hay que añadir que *Kategorie*, en este contexto, no significa *categoría*, sino *clase* en el sentido de *tipo de armas*. El traductor ha caído en la trampa que le tendió el falso amigo.

En el caso que nos ocupa, el sentido de *aller Kategorien* queda suficientemente recogido en el *siempre* de la traducción castellana por lo que el problema desaparece por sí solo: ...*pues en cuestión de armas, siempre...*

El ejemplo que sigue hace referencia a un aparato con el que los deportistas pueden medir la velocidad de su carrera en el transcurso de la misma:

> *Läufer* aller Klassen ... *können jederzeit ermitteln,* wie schnell sie sind.

> *Corredores* de todo tipo ... *pueden saber en cada momento* cuán rápidos son.

(*Scala,* 7/diciembre de 1990, p. 9)

También aquí es la construcción en genitivo del original lo que parece inducir al traductor a escribir *de todo tipo,* aun cuando en esta ocasión el texto se refiere a la *categoría* de los deportistas, es decir, a los diferentes *tipos de marcas* que éstos consigan, y no a los diferentes *tipos de corredores*, en el sentido de su complexión. De todos modos, creo que una redacción más sencilla sería más adecuada: *Todos los corredores...* sería suficiente.

La segunda estructura apenas necesita comentario. Es evidente lo rebuscada que resulta la versión castellana por calcar a pies juntillas la correspondiente del original. Se requiere una redacción mucho más libre: *Todos los corredores... pueden controlar en cualquier momento su velocidad.*

Keine Regung in der Luft als ein leises Wehen, *als das Rauschen eines Vogels, der die Flocken leicht vom Schwanz stäubte.*

(Georg Büchner, Lenz, en: *Georg Büchner, Werke...*, p. 73)

No había en el aire más *movimiento* que un soplar quedo, *el susurro de un pájaro que se sacudía los copos de la cola.*

(Georg Büchner, Lenz..., p. 59-60)

¿Por qué encorsetamos el castellano de este modo? Mantener el estilo no significa calcar las estructuras, sino, a menudo, romper con ellas: *Nada se movía en el aire. Sólo se percibía un ligero rumor, el susurro de un pájaro...*

Die *für den bürgerlichen Liberalismus des 19. Jahrhunderts klassische* Begründung und Formulierung des Zweikammer-systems findet sich bei Benjamin Constant.

(Carl Schmitt, *Verfassungslehre...*, p. 293)

La fundamentación y formulación del sistema bicameral, *clásica para el liberalismo burgués del siglo XIX,* se encuentra en Benjamin Constant.

(Carl Schmitt, *Teoría de la Constitución...*, p. 293)

¿Puede decirse en buen castellano que *la fundamentación y formulación de algo **se encuentra** en alguien*? Salta a la vista que el traductor se ha dejado influir por la fórmula alemana. Por otro lado, el ejemplo presenta además un típico caso de desatención a las *menudencias* (véase al respecto el capítulo 2: *La importancia de las menudencias*): la asociación refleja *für = para* convierte el alemán *klassisch für* en *clásica para*, que nunca se diría en castellano. Conviene cambiar por completo la redacción: *Fue Benjamin Constant quien concibió la idea del sistema bicameral característico del liberalismo burgués del siglo XIX y formuló sus principios.*

3.1.1. *La proposición de relativo*

En el apartado anterior he relacionado algunos ejemplos de calco estructural. La fuerte tendencia a este hábito que se observa en traducción parece indicar que se trata de un fenómeno muy extendido —seguramente provocado por causas de diversa naturaleza— que no depende de tipos de estructura determinados de la lengua original. Sin embargo, en algunos casos, como el de las proposiciones de relativo o las formuladas en voz pasiva, el calco se repite con obsesiva insistencia, por lo que he creído oportuno mencionarlas especialmente dedicándoles un apartado propio.

No es que en castellano no hagamos uso de estas estructuras; pero el relativo genitivo o con preposición es mucho menos frecuente y la voz pasiva es de uso mucho más restringido, ya que se utiliza en tipos de texto muy específicos (sobre todo técnicos, aunque no exclusivamente), mientras que en alemán su uso es mucho más generalizado. La solución estriba, en la mayoría de los casos, precisamente en evitar tal generalización en los textos castellanos:

Dann geht es bald durch ein großes Garten- oder Parkgrundstück, in dem überall Häuserkomplexe liegen.

(Walter Benjamin, *Moskauer Tagebuch*..., p. 22-23)

En seguida se llega a un gran jardín, o parque, que hay que atravesar y por todo el cual se alzan complejos de viviendas.

(Walter Benjamin, *Diario de Moscú*..., p. 20)

La traducción directa de la estructura alemana al castellano resulta afectada, tanto más cuanto que, en este caso, la palabra *todo* interrumpe el grupo *preposición + pronombre relativo*, lo cual es aún menos habitual en castellano. Propongo una alternativa formalmente mucho más libre: *En seguida se llega a un gran jardín, un parque con muchos complejos de viviendas, que hay que atravesar.*

Krater und steile Hänge werfen lange Schatten; die Mondlandschaft zeigt ihre klarsten Konturen. Das macht ein Mondatlas deutlich, den die beiden Berliner Hobby-Astronomen Adolf Voigt und Hans Giebler in vierjähriger Arbeit zusammengestellt haben. 106 Fotografien zeigen unterschiedliche Mondlandschaften, über denen gerade die Sonne auf- oder untergeht.

(In Press, *Bildung und Wissenschaft* Nr. 9/10..., p. 8)

Los cráteres y los acantilados despliegan sus largas sombras; el paisaje lunar enseña sus más nítidas siluetas. Así lo muestra un atlas lunar confeccionado en cuatro años por los astrónomos aficionados Adolf Voigt y Hans Giebler de Berlín. 106 fotografías muestran distintos paisajes lunares, sobre los cuales sale o se esconde el sol.

(In Press, *Educación y Ciencia* nº 9/10..., p. 8)

Podemos resolver la complicación de la versión castellana del modo siguiente: ...*106 fotografías muestran la salida y la puesta del sol en distintos paisajes lunares.*

Abends wollte man von dort aus mich in «Cement» schicken. Reich hielt später eine Vorstellung bei Granowski für besser... Es gab drei Einakter, von denen die beiden ersten indiskutabel waren...

(Walter Benjamin, *Moskauer Tagebuch*..., p. 28)

Por la noche me querían mandar desde allí a ver «El cemento». A Reich le pareció luego mejor una obra de Granowski... Eran tres piezas de un solo acto, las dos primeras de las cuales eran algo espantoso...

(Walter Benjamin, *Diario de Moscú*..., p. 25)

Debiera decir: ...*Eran tres piezas de un solo acto, de las cuales las dos primeras eran algo espantoso / Eran tres piezas de un solo acto; las dos primeras eran algo espantoso...*

In Argentinien, Bolivien, Mexiko, Brasilien, Chile, Peru, Staaten, deren totale Pleite *uns täglich verkündet wird und wo die*

Arbeitslosenquote bis zu 50 Prozent beträgt, herrschen ja auch weder die Roten noch die Grünen.

(Heinrich Böll, *Vorwort*, in: Petra Kelly, *Um Hoffnung kämpfen*..., p. 9)

En Argentina, Bolivia, México, Brasil, Chile y Perú, cuya quiebra total se nos anuncia diariamente y donde la cuota de parados alcanza el 50 por ciento, no mandan ni los rojos ni los verdes.

(Heinrich Böll, *Prólogo*, en: Petra Kelly, *Luchar por la esperanza*..., p. 9)

Propongo: ...*Chile y Perú, países que están en quiebra absoluta, según leemos a diario en los periódicos, y donde la cuota...*

Im Museum war ein ärmlich gekleidetes, sympathisches Mädchen, die mit zwei kleinen Jungen, deren Gouvernante sie war, *fränzosisch über das Spielzeug sich unterhielt.*

(Walter Benjamin, *Moskauer Tagebuch*..., p. 58)

En el museo había una chica muy simpática y pobremente vestida conversando en francés sobre los juguetes con dos niños de los cuales era institutriz.

(Walter Benjamin, *Diario de Moscú*..., p. 50)

La versión castellana, además de resultar rebuscada, da demasiado realce al hecho de que la mujer fuera precisamente la institutriz de los niños, lo cual en el texto alemán se dice de paso: ...*una chica muy simpática y pobremente vestida, institutriz de dos niños con los cuales conversaba en francés sobre los juguetes.*

3.1.2. La voz pasiva

> *Las lenguas francesa e inglesa emplean la pasiva, y otras construcciones nominales, en proporciones mucho mayores que la nuestra. Conviene que los traductores tengan en cuenta esta preferencia para no cometer faltas de estilo y aun incorrecciones gramaticales. Por otra parte, el empleo creciente de la pasiva refleja e impersonal contribuye a limitar la frecuencia de la pasiva con 'ser'.*
>
> (Real Academia Española, Esbozo de una nueva gramática de la lengua española, Espasa-Calpe, Madrid, 1973, p. 451)

Esta misma afirmación, referida a las lenguas inglesa y francesa, puede hacerse extensiva a la alemana. Esto no significa que haya que evitar siempre esta voz; en castellano se sigue utilizando mucho en periodismo o en el lenguaje jurídico, y en este ámbito resulta a menudo incluso más adecuada que la pasiva refleja: *la vista fue aplazada hasta nueva orden, la querella fue desestimada por tres veces consecutivas* o *M. fue acusado por alguno de sus compañeros de haber admitido casos que no entran dentro de los que la ley atribuye a la Audiencia Nacional.* Sin embargo, incluso en este campo su utilización es menos extendida y diferente de la de la lengua alemana. Existe una tendencia muy marcada a usar esta construcción cuando el texto original invita a hacerlo sólo porque la lengua castellana ofrece también esta posibilidad gramatical, pero no nos planteamos si hay también una correspondencia de uso entre ambas lenguas:

> Das Ergebnis *der Auswahl* wird *dem Bewerber* vom Leiter *des jeweiligen Aufbaustudienganges direkt oder über die Deutschen Botschaften im darauffolgenden Jahr* mitgeteilt.
>
> (*Aufbaustudiengänge an Hochschulen...,* p. 13)

El aspirante es informado *del resultado de la selección en el mes de enero del año siguiente, directamente* por el director *de los estudios respectivos o bien por el conducto de la embajada alemana competente.*

(*Ampliación de estudios...*, p. 13)

Aunque se han intercambiado el sujeto y el verbo de la oración, la construcción pasiva sigue manteniéndose, a pesar de que en castellano lo expresaríamos de otro modo. Esto tiene consecuencias para el resto de la estructura (*...es informado... por el director... o bien por el conducto de...*), por lo que conviene buscar una nueva concepción del texto. Desde luego, no hay que pensar tampoco que la construcción pasiva alemana se corresponde siempre con la pasiva refleja castellana. Con frecuencia, la mejor solución consiste en abandonar por completo la óptica pasiva: *El director de los estudios de la carrera para la que se solicita la beca o la embajada alemana competente informarán directamente al aspirante del resultado de la selección en el mes de enero del año siguiente a la presentación de la solicitud.*

Dem Reichswirtschaftsrat sollen *nach Art. 165 Abs. 4 sozialpolitische und wirtschaftspolitische* Gesetzesentwürfe *von grundlegender Bedeutung* von der Reichsregierung *zur Begutachtung* vorgelegt werden.

(Carl Schmitt, *Verfassungslehre...*, p. 298)

Según el artículo 165, 4, han de ser sometidos por el Gobierno al dictamen del Consejo Económico del Reich los proyectos de ley *político-sociales y político-económicos de significación fundamental.*

(Carl Schmitt, *Teoría de la Constitución...*, p. 289)

La redacción castellana resulta de una complicación extraordinaria: *...el Gobierno ha de someter al dictamen del Consejo Económico del Reich los proyectos de ley...*

In den Klassen sitzen die Kinder nicht vor Schulpulten sondern an Tischen auf langen Bänken. Sie sagen «Strastweitje», wenn man hereinkommt. Da sie nicht von der Anstalt eingekleidet werden, *so sehen viele sehr ärmlich aus.*

(Walter Benjamin, *Moskauer Tagebuch...*, p. 44)

En las clases, los niños no se sientan en pupitres escolares, sino en mesas, en largos bancos. Cuando entra alguien dicen «strastveitie». Al no ser vestidos por la institución, *muchos tienen un aspecto mísero.*

(Walter Benjamin, *Diario de Moscú...*, p. 39)

En este caso el calco es doble. Ambos hubieran debido evitarse en castellano: el primero es el que se produce al querer mantener a toda costa el orden del texto original (proposición causal antepuesta a la oración principal) y el segundo, el que resulta de mantener la voz pasiva. Comenzar la oración con una subordinada causal con *porque, puesto que, ya que* o sus sinónimos no es frecuente en nuestra lengua, mientras que sí es habitual en alemán anteponer la explicación de la causa, sobre todo con *da.* Para hacerlo, nuestra lengua obliga a un cambio de estructura que el traductor ha intentado sin demasiado éxito, puesto que el giro *al + infinitivo* resulta forzado. A mi entender, la alternativa más adecuada en castellano, si se quiere mantener la anteposición de la explicación del motivo, nos la proporciona una fórmula modal: *Como la institución no les proporciona los vestidos, muchos...*

...das Leben der mexikanischen Malerin Frida Kahlo, die *mit sechs Jahren an Kinderlähmung erkrankte und mit achtzehn bei einem Unfall* von einer Stange durchbohrt wurde. *Immer wieder* mußte sie operiert werden.

(*Kultur Chronik...*, 3/1992, p. 10)

...la vida de la pintora mexicana Frida Kahlo, que *a los seis años enfermó de parálisis infantil y a los dieciocho* fue traspasada por una barra *de hierro en un accidente.* Tuvo que ser operada *un sinnúmero de veces.*

(*Kultur Chronik...*, 3/1992, p. 10)

Propongo: ...*que a los dieciocho se clavó una barra de hierro en un accidente, por lo que tuvo que someterse a un sinfín de operaciones.*

In vielen Fällen werden *auch* gemeindeeigene Sportplätze, Sporthallen und Bäder *den Sportvereinen kostenlos* zur Verfügung gestellt.

En muchas ocasiones, *los campos deportivos, los gimnasios y las piscinas municipales son puestos a disposición de los clubes de forma gratuita.*

(Folleto informativo sobre el deporte en la RFA)

Una redacción menos ampulosa resulta más propia del tipo de texto de que se trata: *A menudo los clubs pueden hacer uso gratuito de campos deportivos, gimnasios y piscinas municipales.*

Im Nu waren die Docken *in den Korb* gepackt, *und als alle wieder saßen, sagte Hulda: «Nun aber, Effi, nun ist es Zeit, nun die Liebesgeschichte mit Entsagung. Oder ist es nicht so schlimm?*

(Theodor Fontane, *Effi Briest...*, p. 8)

En un abrir y cerrar de ojos las madejas fueron guardadas *en el cesto, y una vez que las muchachas se hubieron sentado, Hulda dijo: —Bueno, Effi, ha llegado el momento de la historia de amor con renuncia. ¿O no es tan grave la cosa?*

(Theodor Fontane, *Effi Briest...*, p. 23)

Se trata en esta ocasión de un caso de la llamada *Zustandspassiv* —*pasiva de situación*—, que puede presentar el mismo problema de traducción que la pasiva propiamente dicha. Aunque suponga un cambio en la perspectiva, hay que asumirlo; en castellano lo expresaríamos desde una óptica activa: *En un abrir y cerrar de ojos guardaron las madejas en el cesto...*

Für die Studiengänge Biologie und Biochemie (Agrarbiologie) gilt, daß die Studenten so ausgebildet werden, daß sie später im Bereich der Forschung an Hochschulen, Forschungsinstituten oder in der Industrie bzw. in der Landschaftsplanung und im Natur- und Umweltschutz erfolgreich tätig sein können.

(*Biowissenschaften...*, p. 32)

En las carreras de Biología y Bioquímica (Agrobiología), los estudiantes son formados de manera que puedan trabajar posteriormente con eficiencia en el campo de la investigación en universidades, institutos de investigación o en la industria, así como en la ordenación del paisaje y en la protección de la naturaleza y del medio ambiente.

(*Las ciencias biológicas...*, p. 32)

Se han producido de nuevo dos calcos de estructuras del original que en castellano resultan forzadas: la pasiva y la consecutiva *so ... daß*. Pero si sustituimos la pasiva, la consecutiva se verá obligada a desaparecer, puesto que una venía provocada por otra: *...los estudiantes reciben una formación que les permite trabajar posteriormente...*

Ich fürchte sehr, daß das Resultat der Untersuchung den Schritt, welchen ich getan, hinlänglich rechtfertigen wird; es sind wieder Verhaftungen erfolgt, und man erwartet nächstens deren noch mehr. Minnigerode ist in flagranti crimine ertappt worden...

(Georg Büchner, *Werke und Briefe...*, p. 266)

Mucho me temo que el resultado de la investigación justifique plenamente el paso que he dado; ha habido otra vez detenciones y se espera que próximamente haya más. Minnigerode ha sido pillado in flagranti crimine...

(Georg Büchner, *Cartas...*, p. 244)

La expresión impersonal es más corriente en castellano: *Han pillado a Minnigerode in flagranti crimine...*

Und es ist bezeichnend, daß Du selbst heute mich nur dann eigentlich in etwas aufmunterst, wenn Du selbst in Mitleidenschaft gezogen bist, wenn es sich um Dein Selbstgefühl handelt, das ich verletze (zum Beispiel durch meine Heiratsabsicht) oder das in mir verletzt wird *(wenn zum Beispiel Pepa mich beschimpft).*

(Franz Kafka, *Brief an den Vater...*, p. 12)

Y es revelador que, aún hoy, sólo me animes realmente a hacer algo cuando tú mismo te sientes afectado, cuando se trata de tu amor propio, que yo ofendo (por ejemplo, con mis proyectos de matrimonio) o que es ofendido en mí *(cuando, por ejemplo, Pepa me insulta).*

(Franz Kafka, *Carta al padre...*, p. 13)

Resulta más directo y elegante decir en castellano: *...cuando se trata de tu amor propio, que yo ofendo... o que otros ofenden en mí / ...o que otros ofenden en mi persona...*

Innerhalb jeder politischen Einheit kann es nur einen Träger der verfassunggebenden Gewalt geben. Deshalb ergab sich hier die Alternative: entweder erläßt der Fürst auf der Grundlage des monarchischen Prinzips aus der Fülle seiner Staatsgewalt eine Verfassung - oder die Verfassung beruht auf einem Akt der verfassunggebenden Gewalt des Volkes d. h. auf dem demokratischen Prinzip. Als fundamental entgegengesetzt lassen sich diese beiden Prinzipien nicht miteinander vermengen.

(Carl Schmitt, *Verfassungslehre...*, pp. 53-54)

Dentro de cada unidad política sólo puede darse un sujeto del poder constituyente. Por eso, resulta de aquí la alternativa: o bien el príncipe emite una Constitución sobre la base del principio monárquico con la plenitud del poder del Estado o bien la Constitución se basa en un acto del poder constituyente del pueblo, es decir, en el principio democrático. Ambos principios, por ser fundamentalmente contrapuestos, no pueden ser mezclados.

(Carl Schmitt, *Teoría de la Constitución...*, p. 74)

El giro alemán *lassen + verbo principal* es una de las variaciones de la voz pasiva. En las gramáticas se la denomina *Varianten des Passivs* o *Ersatzpassiv*. También esta construcción se traduce con más frecuencia de la que conviene en castellano por una estructura pasiva. Mejor sería escribir: ...*Ambos principios... no pueden mezclarse* / ...*no deben mezclarse.*

3.2.   El cortocircuito sintáctico

Las inconsecuencias sintácticas provocadas por el cruce de diferentes estructuras o por haberse omitido por descuido alguna palabra son muy frecuentes al escribir. Probablemente lo que ocurre es que confundimos lo que pensamos con lo que escribimos hasta el punto de que creemos haber escrito lo que en realidad sólo hemos pensado, por lo que al texto le falta alguna pieza. Por esta razón se producen discordancias sintácticas de los tipos más diversos. Veamos el ejemplo siguiente de un texto castellano:

> *En total* se eleva *ya* a seis los integristas *ejecutados en aquel país desde que se interrumpió el proceso electoral el 11 de enero.*

> (*El País*, 13 de feb. 1993, p. 3)

El verbo no está en concordancia con el sujeto. Probablemente la periodista pensó un sujeto singular que no escribió. Debiera decir: ...*se eleva ya a seis el número de integristas...* / *son ya seis los integristas...*

Los errores debidos a la incoherencia sintáctica, conocida como *anacoluto*, son de diversas clases y se producen casi siempre, como en el caso arriba mencionado, por la pura dificultad que entraña en sí el hecho de concebir y redactar un texto, aunque sea directamente en la propia lengua. Sin embargo, esta dificultad se incrementa cuanto mayor es la posibilidad de distracción, y es evidente que traducir implica prestar atención a muchos detalles al mismo tiempo. Veamos una selección de ejemplos en textos traducidos del alemán:

Alle Unterlagen müssen zweifach eingereicht werden! Bewerbungen, die den gewünschten Studiengang nicht eindeutig angeben oder nicht zweifach eingereicht werden, können nicht bearbeitet werden.

(*Aufbaustudiengänge an Hochschulen...*, p. 139)

Todos los documentos deben presentarse por duplicado. No se tramitan las solicitudes en las que no se especifique la carrera deseada o no se presenten en la debida forma.

(*Ampliación de estudios...*, p. 14)

La oración castellana no mantiene la coherencia sintáctica: en la última proposición no puede omitirse el pronombre relativo, puesto que no cumple en este caso, como en la primera, la función de complemento circunstancial. Debemos corregirlo: *No se tramitan las solicitudes en las que no se especifique la carrera deseada o que no se presenten en la debida forma.*

Hesse sieht voraus, daß die europäische Menschheit durch das entfesselte Chaos wird hindurchgehen müssen, um die Küste der Zukunft, den neuen Menschen, zu erreichen. Sie wird sich mit allen Möglichkeiten, auch den verbrecherischen, vertraut machen müsssen, *um sie beherrschen zu lernen.*

(Karl August Horst, *Strukturen...*, p. 13)

Hesse prevé que el hombre europeo, para alcanzar la costa del futuro, para alcanzar al hombre nuevo, ha de atravesar el caos desencadenado. Tendrá que familiarizarse con todas las posibilidades, aún las criminales, *para aprender a dominarlas.*

(Karl August Horst, *Caracteres...*, p. 13)

En castellano es obligado repetir la preposición: *Tendrá que familiarizarse con todas las posibilidades, aún con las criminales, para...*

Danach war ich *im Institut der Kamenewa, um mir Karten für
«Ljeß»* abzuholen...

(Walter Benjamin, *Moskauer Tagebuch...*, p. 58)

Luego estuve *en el Instituto de la Kameneva* a buscar *entradas para
«Lies»...*

(Walter Benjamin, *Diario de Moscú...*, p. 50)

Probablemente la influencia de la redacción del texto alemán es
la causante del cruce entre *estar en un lugar* e *ir a un lugar.*
Debiera decir: *Luego fui al instituto de la Kameneva a buscar...*

> *Der Publizist und Verleger Heinz Friedrich wurde im Februar
> siebzig Jahre alt. Angefangen hatte er mit eigenen Gedichten,
> Erzählungen und Aufsätzen ... wurde er 1947 Feuilletonchef der
> Wochenzeitung «Die Epoche», rief die Freie Darmstädter
> Künstlervereinigung ins Leben und gehörte zu den Mitbegründern
> der Gruppe 47".*

(*Kultur Chronik...*, 3/1992, p. 17)

> *El periodista y editor Heinz Friedrich ha cumplido en febrero
> setenta años. Comenzó su carrera con poemas, narraciones y
> artículos ... fue nombrado en 1947 jefe de la sección literaria del
> semanario «Die Epoche», creó la «Freie Darmstädter Künstler-
> vereinigung» y* perteneció a los fundadores *del «Grupo 47».*

(*Kultur Chronik...*, 3/1992, p. 17)

¿Pertenecer a los fundadores? Se puede *pertenecer **al grupo**
de fundadores,* pero no *a los fundadores.* Propongo: *...creó la «Freie
Darmstädter Künstlervereinigung» y fue uno de los fundadores...*

> *Denn* wie auch andere Tiere, *die viel Pflanzenfasern verdauen
> müssen,* haben die Gänse einen sehr ausgebildeten Blinddarm, *in
> welchem die Zellulose von Zellstoff spaltenden Bakterien für den
> Körper verwendbar gemacht wird.*

(Konrad Lorenz, *Er redete mit dem Vieh...*, p. 14)

Lo mismo que otros animales *que tienen que digerir mucha fibra vegetal,* el intestino ciego *de los gansos* está muy desarrollado, *y en su interior la celulosa se convierte en asimilable para el animal después de ser descompuesta por la acción de determinadas bacterias.*

(Konrad Lorenz, Hablaba con las bestias..., p. 22)

La oración alemana es coherente sintácticamente: la comparación se mantiene entre animales; en cambio, en la castellana se comparan animales con un intestino. Podemos recomponer la sintaxis del modo siguiente: *Lo mismo que en otros animales que tienen que digerir mucha fibra vegetal, el intestino ciego de los gansos...,* o bien: *Como todas las especies animales que...*

Deswegen konnte er sich wie in einem erotischen Rausch in Bücher verlieben - gelegentlich je heftiger, desto unerreichbarer sie waren...

(Kultur Chronik..., 3/1992, p. 12)

Por ello podía enamorarse de los libros como en una embriaguez erótica; en ocasiones tanto más vehemente *cuanto más inalcanzables eran éstos...*

(Kultur Chronik..., 3/1992, p. 13)

El verbo reclama un adverbio, no un adjetivo, como leemos en el texto: *enamorarse vehemente.* Debiera decir *enamorarse vehementemente* o *enamorarse con vehemencia: ...podía enamorarse de los libros como en una embriaguez erótica; en ocasiones con tanta más vehemencia cuanto más...*

Der Sportstättenbau ist ein Schwerpunkt im Förderungsprogramm der Länder. Sie fördern den Sportstättenbau der Gemeinden und Vereine. Neben der finanziellen Hilfe beraten sie die Träger bei Planung und Bau der Sport-, Spiel- und Freizeitanlagen.

La construcción de instalaciones deportivas constituye el principal objetivo en los programas de fomento del deporte de los distintos Estados Federales, los cuales fomentan la construcción de tales instalaciones por parte de ayuntamiento y clubes deportivos. Además de la ayuda financiera, asesoran la planificación y construcción de instalaciones deportivas y recreativas.

(Folleto informativo sobre el deporte en la RFA)

La planificación y construcción de instalaciones deportivas puede *asesorarse*, pero la ayuda financiera no. Además en este caso se ha omitido un verbo y el sujeto: *...Además de proporcionar ayuda financiera, los Estados Federales asesoran...*

Doch der Sondergipfel der 34 KSZE-Staaten in Paris *hat sich nicht in Pomp und Reden erschöpft...*

Sin embargo, la Conferencia Cumbre Extraordinaria de los 34 países miembros de la Conferencia de Seguridad y Cooperación en Europa, en París, *no se redujo sólo a pompa y discursos...*

(*Scala*, 7/diciembre de 1990, p. 3)

En castellano no puede omitirse el verbo. La correspondencia uno a uno entre el alemán *in* y el castellano *en* nos tiende a menudo una trampa (véase capítulo 2.1.). Así pues, habría que traducir por ejemplo: *Sin embargo, la cumbre extraordinaria de los 34 países miembros... , celebrada en París...*

...und so sehr er zeitlebens vor einer *geschlossenen* Autobiographie zurückscheute und sie nie in Angriff nahm, *ist der eine doch so autobiographisch wie der andere.*

(Peter de Mendelssohn, *Der Schriftsteller als politischer Bürger...*, p. 16)

...y a pesar de que él temió lanzarse *en vida* a una autobiografía *completa,* y tampoco la emprendió, *ambas conferencias son en alto grado e igualmente autobiográficas.*

(Peter de Mendelssohn, *El literato ciudadano crítico...*, p. 14)

Es obvio que alguien tiene que estar vivo para lanzarse en el sentido de *emprender una acción*, por tanto resulta ridículo decir que alguien *se ha lanzado **en vida*** *a la empresa de escribir una autobiografía*. El traductor ha confundido *en vida* con *durante toda su vida* al verter al castellano la palabra alemana *zeitlebens*. En cuanto al tema de que me ocupo en este capítulo, el del cortocircuito sintáctico, en este breve ejemplo se concentran tres anacolutos: en castellano decimos por ejemplo *lanzarse al agua* o *lanzarse a la aventura (de hacer algo)*, pero no *lanzarse a algo*. Por ello, la traducción podría ser: *...a pesar de que él temió toda su vida lanzarse a la aventura de escribir una autobiografía...*

Por otro lado, la proposición *y tampoco la emprendió* está coordinada con la concesiva anterior *y a pesar de que...*, por lo cual la versión castellana debiera decir: *...y a pesar de que él temió toda su vida lanzarse... y de que tampoco...*

En tercer lugar, no puede decirse en castellano *emprender una autobiografía,* sino en todo caso *emprender la redacción de una autobiografía*. Propongo pues la siguiente versión: *...y a pesar de que él temió toda su vida lanzarse a la aventura de escribir una autobiografía y de que nunca emprendió su redacción...*

> *Reich stieg ab und* ging die paar Schritt *zum Hotel* zu Fuße. *Wir fuhren.*

> (Walter Benjamin, *Moskauer Tagebuch...*, p. 17)

> *Reich se apeó e* hizo a pie los pocos pasos *que faltaban hasta el hotel.*

> (Walter Benjamin, *Diario de Moscú...*, pp. 13-14)

Se ha producido un cortocircuito entre diferentes expresiones: en castellano decimos *hacer el camino a pie* y *dar unos pasos*; sin embargo, no podemos decir *hacer unos pasos*. Propongo: *Reich se apeó y anduvo a pie el corto recorrido que quedaba hasta el hotel.*

> *Weil die alternative Frage, ob der Fürst oder das Volk diese verfassungsgebende Gewalt hatte, jedenfalls nicht zugunsten des Volkes entschieden war,* mußte... jene Gewalt beim Fürsten bleiben, *solange* seine politische Macht und Autorität Bestand hatte.

> (Carl Schmitt, *Verfassungslehre...*, pp. 55-56)

Como la cuestión alternativa de si era el Príncipe o el Pueblo quien tenía este poder constituyente no se había decidido a favor del Pueblo, había de permanecer... en el Príncipe, *mientras* existiera su fuerza y autoridad política.

(Carl Schmitt, *Teoría de la Constitución...*, p. 75)

También aquí encontramos varios anacolutos a la vez: en el primer caso, la proposición principal *había de permanecer en el Príncipe* requiere un sujeto expreso (*este poder constituyente* o el pronombre correspondiente) que en la traducción es elíptico, por lo que se produce ambigüedad y se dificulta la comprensión. La traducción debiera decir: *Como la cuestión alternativa de si era el Príncipe o el Pueblo quien tenía este poder constituyente no se había decidido a favor del Pueblo, el poder había de seguir ostentándolo el Príncipe...*

El segundo anacoluto consiste en la discordancia entre el verbo y el sujeto; si el sujeto es plural, en la versión castellana el verbo debiera reflejarlo: *...mientras existieran su fuerza y su autoridad política.*

Der theokratisch-alttestamentliche Gedanke von dem göttlichen Ursprung des Rechts kam nach dem Siege der christlichen Religion in dem... Werk des A u r e l i u s A u g u s t i n u s (354 bis 430)... deutlich zum Ausdruck. Augustinus theologisiert die stoische vorstellung von der alles umgreifenden Weltvernunft.

(Hans Schlosser, *Grundzüge...*, p. 40)

Este pensamiento teocrático del Viejo Testamento del origen divino del Derecho, después del triunfo de la religión cristiana, halló su más clara expresión en la obra especulativa de A u r e l i u s A u- g u s t i n u s (de 354 a 430)... Agustín hace teológicos los argumentos estoicos de la mente universal (W e l t v e r n u n f t) que engloba todo.

(Hans Schlosser, *Perfiles de la nueva historia...*, p. 49)

La construcción castellana exige un pronombre catafórico, es decir, que preceda al *todo* y lo anuncie: *...de la mente universal... que lo engloba todo.*

Er hatte den Mut aufgebracht, seinem Eigen-Sinn *zu* folgen, *und war zu Anfang des Kriegs in die Schweiz übergesiedelt.*

(Karl August Horst, *Strukturen…*, p. 12)

Tuvo la valentía de seguir sus propias convicciones, *y al principio de la guerra se trasladó a Suiza.*

(Karl August Horst, *Caracteres…*, p. 12)

Se ha eliminado un elemento. No decimos *seguir una convicción*, sino *seguir / ser fiel a una convicción*, o mejor *mantenerse fiel a una convicción*: *Tuvo la valentía de mantenerse fiel a sus propias convicciones…*

3.3. El gerundio en castellano y la estructura alemana *und + verbo*

> *Con gerundios se escribe a lo manga por hombro… ¡Ay, al comienzo de este artículo, al hablar del Cid, se ha colado un gerundio! Tal vez yo exagero y haya gerundios mansos, tratables.*
>
> (Azorín, cit. según María Moliner, *Diccionario de uso del español*, Gredos, Madrid, 1984, p. 1393)

La utilización del gerundio para referirnos a una acción posterior a la expresada por el verbo principal (*gerundio de posterioridad*) es una costumbre bastante extendida que afea muchísimo el estilo. Es incorrecto escribir:

*A las once de la noche se produjo un accidente, muriendo 30 personas.

En buen castellano debiéramos decir:

A las once de la noche se produjo un accidente como consecuencia del cual murieron... / ...se produjo un accidente en el que murieron...

Curiosamente, en la traducción del alemán al castellano, este fenómeno se produce con frecuencia en estructuras en las que el uso del gerundio pudiera evitarse fácilmente siguiendo a pies juntillas la sugerencia del texto alemán: und + verbo:

Ich hatte mich, um zurückzufahren, an meiner Omnibushaltesstelle postiert. Da sah ich an einer geöffneten Tür die Aufschrift «Museum» und wußte bald, daß ich die «zweite Sammlung der neuen Kunst des Westens» vor mir hatte.

(Walter Benjamin, *Moskauer Tagebuch...*, p. 61)

Me había apostado en la parada del autobús para regresar, cuando vi una puerta abierta con el letrero «Museo», no tardando en averiguar que me hallaba ante la «segunda colección del nuevo arte occidental».

(Walter Benjamin, *Diario de Moscú...*, p. 53)

La posterioridad de la acción verbal, que en la traducción se pretende verter al castellano a través del gerundio, puede expresarse en nuestra lengua, igual que en alemán, a través de la fórmula *y + verbo*: *...vi una puerta abierta con el letrero «Museo» y no tardé en averiguar...*

Der Traum erinnert mich an seine eigene Mitteilung, er habe in jungen Jahren einmal der Gewohnheit gefrönt, sich mit Chloroform zu berauschen, und habe darum die Anstalt aufsuchen müssen...

(Sigmund Freud, *Die Traumdeutung...*, p. 423)

El sueño me recuerda... su propia confesión de que en su juventud había contraído la costumbre de embriagarse con cloroformo, teniendo que ingresar como consecuencia de ello en el hospital...

(Sigmund Freud, *La interpretación de los sueños...*, p. 17)

Propongo: *...había contraído la costumbre de embriagarse con cloroformo y por ello habían tenido que ingresarlo...*

Zu Beginn des Jahres 1986 bereisten zwei Delegationen spanischer Wissenschaftler die Bundesrepublik und führten *intensive Gespräche in führenden Firmen, Institutionen und Hochschulen.*

A principios del año 1986, dos delegaciones de científicos españoles viajaron a Alemania, manteniendo *interesantes encuentros con empresas líder, instituciones y universidades.*

(20 años de cooperación hispano-alemana..., p. 46)

Lo correcto sería precisamente usar el mismo giro que la proposición alemana: *...dos delegaciones de científicos españoles viajaron a Alemania y mantuvieron interesantes encuentros con...*

Ich vergaß, wenn ich nicht irre, den wichtigen Umstand anzuführen, daß die Haussuchung sogar ohne die drei, durch das Gesetz vorgeschriebenen Urkundspersonen vorgenommen wurde, und *so um so mehr den Charakter eines Einbruchs* an sich trägt.

(Georg Büchner, Werke und Briefe..., p. 263)

Si no me equivoco, olvidé daros un dato importante: el hecho de que el registro incluso tuvo lugar sin los tres testigos prescritos por la ley, teniendo *así aún en mayor medida el carácter de un allanamiento de morada.*

(Georg Büchner, Cartas, en: Obras completas..., p. 241)

El carácter consecutivo del *und* no puede expresarse correctamente con un gerundio en castellano. Sin embargo, podríamos decir: *...el hecho de que en el registro ni siquiera estaban presentes los tres testigos prescritos por la ley, por lo que éste tiene aún en mayor medida el carácter de...*

Der politische Zustand des späteren Mittelalters (vom 13. bis zum 16. Jahrhundert) wird oft als «Ständestaat» gekennzeichnet. Die politische Einheit als solche war... problematisch geworden. Die

alte militärische Lehnsverfassung hatte sich aufgelöst, die Vasallen
wurden *in weitem Maße unabhängig.*

(Carl Schmitt, *Verfassungslehre*..., p. 44)

La situación política de la última parte de la Edad Media (del siglo
XIII al XVI) es designada con frecuencia como «Estado de estamentos».
La unidad política como tal se había hecho problemática ... La vieja
constitución feudal militar se había disuelto, haciéndose *indepen-*
dientes en gran medida los vasallos.

(Carl Schmitt, *Teoría de la Constitución*..., p. 66)

La coma del original alemán después de *aufgelöst* viene a ser un
sinónimo de la conjunción *und*, por lo que vale también en este caso
la observación anterior de que el giro alemán *und + verbo* se
traduce a menudo por un gerundio. Al tratarse de nuevo del
gerundio de posterioridad, tampoco aquí es correcto. Podríamos
corregirlo del modo siguiente: *...La vieja constitución feudal mili-*
tar se había disuelto y los vasallos se habían hecho en gran medida
independientes.

Selbst ein so reaktionär-chauvinistischer Geschichtsschreiber wie
Treitschke sieht sich gezwungen, über das Rheinland festzustellen:
«Die alte Ordnung war spurlos vernichtet, die Möglichkeit einer
Wiederherstellung verloren; bald schwand selbst die Erinnerung
an die Zeiten der Kleinstaaterei...

(Georg Lukács, *Die Zerstörung der Vernunft*..., Bd.I, p. 43)

Hasta un historiador tan reaccionario y chovinista como Treitschke
se ve obligado a reconocer, hablando de las tierras del Rin: «El viejo
orden había quedado destruido *hasta en sus últimos vestigios,*
haciendo imposible *toda restauración; y no tardó en desaparecer*
hasta el recuerdo de los tiempos de los pequeños Estados...

(Georg Lukács, *El asalto a la razón*..., p. 35)

Como en el ejemplo anterior, también aquí, en el texto alemán,
la coma después de *vernichtet* cumple la función de *und*. Propongo

esta versión: ...*El viejo orden había quedado destruido hasta en sus últimos vestigios y la restauración era imposible...*, o bien: *El viejo orden había quedado destruido hasta en sus últimos vestigios, por lo que toda restauración era imposible...*

> *Besuch in den Niederlanden (Verleihung des Ordenskreuzes von Oranje-Nassau), dort erkrankt T. M. an einer Thrombose* und wird *im Flugzeug ins Zürcher Kantonsspital* gebracht...
>
> (Synchronoptisch dokumentierende Zeittafel, in: Herbert Wiesner, *Thomas Mann und seine Zeit...,* p. 52)

> *Viaje a Holanda (concesión de la Cruz de la Orden de Orange-Nassau), allí T. M. enferma de trombosis,* siendo trasladado *en avión al Hospital del Cantón de Zurich...*
>
> (Tabla cronológica explicativa, en: Herbert Wiesner, *Thomas Mann y su época...,* p. 52)

Propongo: *...allí T. M. enferma de trombosis y es trasladado en avión al Hospital del Cantón..*

> *Mit Frau und Kind ging er in das grenznahe «Haus der Ministerien», wo er häufig zu tun hatte. Dort schloß er sich in die Toilette ein, wartete, bis es Nacht war,* kletterte *dann aufs Dach* und schleuderte *über die Mauer einen Hammer...*

> *Con su mujer y su hijo se dirigió a la «Casa de los Ministerios», que linda con el muro. Por motivos profesionales conocía y frecuentaba el edificio. Allí se encerraron en los retretes, esperaron hasta que se hizo de noche,* trepando *después al tejado y* lanzando *un martillo por encima del muro...*
>
> (*Es geschah an der Mauer...,* p. 65)

En la redacción castellana, la espera, el trepar y el lanzamiento del martillo se convierten en acciones simultáneas. Debería decir: *...esperaron hasta que se hizo de noche, treparon después al tejado y lanzaron un martillo...*

También es incorrecto en castellano el gerundio con valor de adjetivo especificativo referido a cosas (asimismo conocido como *gerundio del Boletín Oficial*):

> *Beklagt wird gleichzeigtig, daß das Studium immer länger geworden ist* und *heute an Universitäten im Durchschnitt 14,7 Semester, an Fachhochschulen 9,3 Semester* dauert.

(In Press, Bildung und Wissenschaft Nr. 7/8..., p. 3)

> *Al propio tiempo la declaración advierte sobre el hecho de que los estudios son cada vez más largos,* durando *en las universidades por término medio 14,7 semestres y en las escuelas superiores especializadas 9,3 semestres.*

(In Press, Educación y Ciencia Nº 7/8..., p. 3)

Hay que encontrar una alternativa a este gerundio. Propongo la siguiente: *...advierte sobre el hecho de que los estudios son cada vez más largos: en las universidades tienen una duración media de 14,7 semestres y en las escuelas superiores especializadas de 9,3.*

Aunque en la traducción de textos alemanes el uso erróneo del gerundio castellano lo provoca sobre todo la estructura *und + verbo* de la lengua original, también está muy extendida la falsa creencia de que la conjunción modal alemana *indem* se corresponde con nuestro gerundio, lo cual de nuevo da lugar a una traducción incorrecta del mismo. Al contrario de lo que se cree, esta conjunción es susceptible en nuestra lengua de las más diversas traducciones:

> *Mein Bruder hatte mich an diesem Abend zum Bahnhof begleitet, war aber kurz vorher bei der Stadtbahnstation Westbahnhof ausgesprungen, um mit der Stadtbahn nach Purkersdorf zu fahren. Ich hatte ihm bemerkt, er könne noch eine Weile länger bei mir bleiben,* indem *er nicht mit der Stadtbahn, sondern mit der Westbahn nach Purkersdorf fahre.*

(Sigmund Freud, Die Traumdeutung..., p. 418-419)

> *Mi hermano salió conmigo aquella tarde para acompañarme a la estación; pero poco antes de llegar se bajó del coche para tomar el*

*tranvía de Purkersdorf, sin atender a mi indicación de que podía
acompañarme un rato más tomando el mismo tren que yo y yendo
en él hasta la mencionada localidad.*

(Sigmund Freud, *La interpretación de los sueños...*, p. 12)

Nos encontramos de nuevo ante un caso de gerundio de posterioridad, incorrecto en castellano. Sugiero: *...sin atender a mi indicación de que podía acompañarme un rato más si tomaba el mismo tren que yo, que también pasaba por aquella localidad.*

3.4. El orden de colocación de los elementos

Thomas Mann hace decir al mago en su novela *Mario und der Zauberer*:

*Du tust, was du willst. Oder hast du schon einmal **nicht getan, was du wolltest**? Oder **gar getan, was du nicht wolltest**? Was **nicht du wolltest**?*

(Thomas Mann, *Mario und der Zauberer...*, p. 23, la negrita es mía)

Quien conoce la novela sabe que el mago no es precisamente este personaje tradicional que entretiene a grandes y chicos presentándoles maravillosos e ingenuos juegos de manos. Una de las características de la magia de este siniestro personaje consiste en el magistral uso que sabe hacer de la lengua para conseguir sus fines. Se trata de un mago en la pirueta del lenguaje. Este pasaje es, aunque breve, una genial muestra de la importancia de la colocación de los elementos en el discurso y todo un ejercicio de traducción por el esfuerzo que requiere para reflejar el consiguiente desplazamiento de significado:

Haces lo que te viene en gana. ¿Acaso no has hecho siempre lo que
has querido? Mejor dicho, ¿has hecho una sola vez algo que no
quisieras?, ¿que tú no quisieras?

Huelga decir que cada lengua hace uso de diferentes estrategias para matizar o dar énfasis a lo que se trata de expresar. Una
de las más sutiles —aunque por lo mismo pasa a menudo más
inadvertida— sea quizá la de la ordenación de los elementos en la
oración. Al traductor le conviene, en primer lugar, sensibilizarse
en cuanto a las posibilidades expresivas de este recurso en cada
una de las lenguas que maneje: la de partida y la de llegada, y, en
segundo lugar, mantenerse alerta para no dejarse contagiar por
la ordenación del texto original al traducir. Cada lengua tiene
unas reglas ha-bituales de ordenación diferentes y, por tanto, es
también diferente su modo de conseguir la enfatización. En
consecuencia, el uso incorrecto de estas estrategias en traducción
puede provocar tanto un desplazamiento del énfasis como un
cambio de significado con respecto al texto de origen. Veámoslo en
los siguientes ejemplos:

3.4.1. La ordenación de los elementos oracionales como estrategia de enfatización

Rockbeauftragte gibt es auch in Berlin, *Köln und Saarbrücken.*
Irmgard Tennagels aber ist die erste Frau in der Bundesrepublik
Deutschland auf diesem Posten.

Delegados de rock hay también en Berlín, *Colonia y Saarbrücken,*
pero Irmgard Tennagels es la primera mujer que ocupa este puesto
en Alemania.

(*Scala,* 2/abril-mayo de 1991, p. 6)

En alemán es mucho más usual que en castellano iniciar una
oración con el complemento directo para darle mayor relieve. El
castellano, si bien admite esta construcción, no hace uso de ella con
la misma frecuencia, o en todo caso, es más usual la construcción

con un pronombre anafórico: *Delegados de rock los hay también en Berlín*... Aun siendo ésta una ordenación más correcta, el tono excesivamente coloquial que con ella adquiere el texto no sería el más apropiado para un artículo periodístico. La alternativa que propongo respeta en castellano el énfasis del alemán: *También hay delegados de rock en Berlín, Colonia y Saarbrücken, pero Irmgard Tennagels es la primera mujer que*...

> Asjas Zimmergenossin, *eine breite Textilarbeiterin,* sah ich erst am folgenden Tage, *sie war noch abwesend.* Hier blieben wir zum ersten Male ... *einige Minuten allein.*

> (Walter Benjamin, *Moskauer Tagebuch*..., pp. 17-18)

> A la compañera de habitación de Asia, *una obrera textil ancha de proporciones,* no la vi hasta el día siguiente; *aún no había llegado.* Aquí nos quedamos, por primera vez, *algunos minutos a solas.*

> (Walter Benjamin, *Diario de Moscú*..., p. 14)

Este ejemplo reúne dos casos de énfasis que podríamos llamar *extranjerizante*. El primero de ellos es del mismo tipo que he mencionado en el primer ejemplo. Aunque en el texto que nos ocupa, un diario, el tono coloquial que le confiere la construcción con el pronombre anafórico resulte más aceptable, es preferible una fórmula que cumpla con los cánones de un castellano más elegante: *No vi a la compañera de habitación de Asia, una obrera textil de anchas proporciones, hasta el día siguiente.*

En la segunda parte del pasaje, *por primera vez* interrumpe de un modo exageradamente brusco el fluido textual, de modo que la lectura se hace incómoda: la interrupción resulta chocante. La doble enfatización —por su colocación y por el uso de las comas— afecta negativamente al estilo. Sería preferible: ...*Fue la primera vez que nos quedamos unos minutos a solas...*

> Das Wörterbuch der deutschen Rechtschreibung soll 1992 erscheinen *und auch neue Wörter aus dem Sprachgebrauch der DDR enthalten.*

En 1992 se publicará este diccionario ortográfico alemán *en el que se incluirán también palabras de uso cotidiano en la ex RDA...*

(*Scala,* 2/abril-mayo de 1991, p. 4)

El hecho de que la fecha se haga constar al principio de la oración desplaza el acento hacia el año que se menciona. Por decirlo así, *el protagonista* de lo que se afirma es el año en cuestión, y el lector tiene la impresión de que seguirá una relación de hechos ocurridos este mismo año, lo cual no se desprende del texto original. Hay que restituir el equilibrio de la frase: *Este diccionario ortográfico alemán, en el que se incluirán también palabras de uso cotidiano en la ex RDA, se publicará en 1992.*

Mitglieder des NOK sind die Vertreter der olympischen Fachverbände, *die deutschen IOC-Mitglieder, Vertreter der Deutschen Olymplischen Gesellschaft und der Stiftung Deutsche Sporthilfe...*

Miembros del CON son los representantes de las federaciones olímpicas, los miembros alemanes del COI, representantes de la Sociedad Olímpica Alemana y de la fundación...

(Folleto informativo sobre el deporte en la RFA)

Para mantener el acento del original alemán, el texto castellano hubiera debido decir: *Son miembros del CON los representantes de...*

Beispiele ... sind überaus reichlich nachzuweisen; ein einfachstes solcher Art könnte ich hier nachtragen.

(Sigmund Freud, *Die Traumdeutung...*, p. 526)

Los ejemplos ... son numerosísimos. Me limitaré a exponer el más sencillo que de esta clase he podido encontrar.

(Sigmund Freud, *La interpretación de los sueños...*, p. 178)

La separación de los elementos que guardan entre sí una relación de dependencia directa hace arcaico el estilo. En castellano contemporáneo se diría: ...*Me limitaré a exponer el más sencillo de esta clase que he podido encontrar.*

Dies Bild hing an der Mittelwand des ersten der beiden Cézanne-Säle, genau dem Fenster gegenüber im vollen Licht. Es stellte eine Chausee dar, wo sie durch Wald läuft ... Nicht ganz so außerordentlich wie die große Cézanne-Sammlung ist die Renoir-Kollektion dieses Museums.

(Walter Benjamin, *Moskauer Tagebuch*..., p. 62)

Este cuadro se hallaba en la pared central de la primera sala de las dos dedicadas a Cézanne, justo enfrente de la ventana, a plena luz. Representaba una carretera a través de un bosque... No tan extraordinaria como la de Cézanne es la colección de Renoir de este museo.

(Walter Benjamin, *Diario de Moscú*..., p. 54)

La enfatización del original alemán no puede conservarse de este modo en castellano: la negación en castellano acostumbra a acompañar directamente al verbo: ...*La colección de Renoir de este museo no es tan extraordinaria como la de Cézanne.*

Tanz wird zur Stilisierung eines Lebens, das seine Dynamik aus den Strukturen erotischen Begehrens bezieht. Verschiedener könnte der Kontext nicht sein, *in den die Choreographen aus Deutschland und Frankreich die Bewegung stellen.*

(*Kultur Chronik*..., 3/1992, p. 4)

La danza se convierte en la estilización de una vida que extrae su dinamismo de las estructuras del deseo erótico. No podría ser más diferente el contexto *en el que sitúan el movimiento los coreógrafos de Alemania y Francia.*

(*Kultur Chronik*..., 3/1992, p. 4)

La traducción parece contagiarse de la colocación de los elementos de la proposición del original alemán, aunque no por ello se consiga el mismo efecto. Compárese en cambio esta alternativa: *...El contexto en el que sitúan el movimiento los coreógrafos de Alemania y Francia no podría ser más diferente.*

Ein Lupushund hat viele Eigenschaften eines großen katzenartigen Raubtiers, er ist zwar dein Freund bis in den Tod, aber niemals dein Sklave. Obwohl er deiner Person zum Leben nicht entraten kann, führt er ein sehr bestimmtes eigenes Privatleben.
Anders der Aureushund; ihm ist, als Folge seiner uralten Domestikation, jene jugendliche Abhängigkeit erhalten geblieben, die ihn zum handlichen und folgsamen Weggenossen macht.

(Konrad Lorenz, *Er redete mit dem Vieh...*, p. 133)

Un perro de ascendencia lobuna tiene muchas de las características de una gran fiera, de un gran felino, y podrá llegar a ser nuestro amigo hasta la muerte, pero jamás nuestro esclavo. Aunque no pueda vivir sin nosotros, posee una vida propia perfectamente definida.
Todo lo contrario es el perro con sangre de chacal. Como consecuencia de su antiquísima domesticación, ha conservado ese apego juvenil que hace de él el compañero que nos sigue a todas partes.

(Konrad Lorenz, *Hablaba con las bestias...*, p. 217)

En genuino castellano conseguiríamos el efecto de comparación que persigue el original alemán colocando los elementos de otra forma: *...El perro con sangre de chacal es todo lo contrario...*, o bien, si queremos anunciar al principio de la oración el contraste que queremos introducir: *...En cambio, el perro con sangre de chacal es todo lo contrario...*

Wie alle Zimmer, die ich bisher sah (die bei Granowski, bei Illesch) ist das ein Raum mit wenig Möbeln. Deren trostlose, kleinbürgerliche Figur wirkt noch um vieles niederschlagender, weil das Zimmer dürftig möbliert ist.

(Walter Benjamin, *Moskauer Tagebuch...*, p. 38-39)

Al igual que todas las demás habitaciones que he podido ver hasta el momento *(en casa de Granowski, de Illesh)*, también ésta es una pieza con pocos muebles. *Su deplorable aspecto pequeñoburgués causa una impresión aún más deprimente al estar la habitación pobremente amueblada.*

(Walter Benjamin, Diario de Moscú..., p. 34)

La redacción resulta afectada, sobre todo por el desplazamiento de los acentos significativos. Si invertimos el orden en ambas oraciones, el texto gana en naturalidad; conviene una reestructuración: *La habitación es una pieza con pocos muebles, como todas las que he podido ver hasta el momento (en casa de Granovski o de Ilesh). La pobreza del mobiliario acentúa su deplorable aspecto pequeñoburgués, lo cual resulta aún más deprimente.*

...Ottla habe ich in ihrem Eigensinn unterstützt, und während ich für Dich keinen Finger rühre *(nicht einmal eine Theaterkarte bringe ich Dir),* tue ich für Freunde alles.

(Franz Kafka, Brief an den Vater..., p. 6)

...he apoyado a Ottla en sus caprichos y, mientras que por ti no muevo ni un dedo *(ni una vez te he traído una entrada para el teatro),* soy capaz de todo por los amigos.

(Franz Kafka, Carta al padre..., p. 8)

El equilibrio entre los elementos que se pretende confrontar: *por ti* y *por los amigos*, se rompe en la traducción castellana, probablemente porque sigue de cerca el ordenamiento del texto alemán (el verbo de la oración principal en primera posición), que allí es obligado. De este modo se diluye el énfasis que se quiere dar precisamente a la comparación entre ambos. El orden lógico, y el énfasis, quedarían restablecidos con la versión siguiente: *...mientras que por ti no muevo ni un dedo..., por los amigos soy capaz de todo.*

Wie man fast erwarten darf, liefert auch das Gebiet der B i o g r a - p h i k seinen Beitrag zum Problem der psychologischen Typen. Es ist der naturwissenschaftlichen Methodik eines Wilhelm Ostwald zu verdanken, *daß durch die Vergleichung einer Anzahl von Biographien hervorragender Naturforscher sich eine typische psychologische Gegensätzlichkeit herausgestellt hat, welche Ostwald als den k l a s s i s c h e n und den r o m a n t i s c h e n T y p u s bezeichnet.*

(C. G. Jung, *Psychologische Typen*..., p. 347)

Como podía esperarse, también la b i o g r a f í a aporta su contribución al problema de los tipos psicológicos. Hemos de agradecer a la metodología —la propia de las ciencias naturales— de Wilhelm Ostwald *el que, merced a las biografías comparadas de algunos investigadores ilustres, se haya obtenido un típico contraste psicológico que Ostwald mismo califica de t i p o c l á s i c o y t i p o r o m á n t i c o.*

(C. G. Jung, *Tipos psicológicos*..., p. 73)

El texto castellano da un énfasis desmesurado a *naturwissenschaftlich*, aunque en esta ocasión no se trata de desplazar a otro lugar ningún elemento, sino simplemente de eliminar los guiones largos: *Como casi era de esperar, también la b i o g r a f í a ... Hemos de agradecer a la metodología propia de las ciencias naturales, característica de los trabajos de Wilhelm Ostwald, que...*

3.4.2. La alteración del significado por desplazamiento de algún elemento

Morgens vor 9 Uhr, wenn geheizt ist, klopft immer ein Angestellter *und fragt, ob auch die Klappe geschlossen ist.*

(Walter Benjamin, *Moskauer Tagebuch*..., p. 60)

Por la mañana, antes de las nueve, cuando ya han encendido la calefacción, un empleado llama siempre a la puerta *preguntando si...*

(Walter Benjamin, *Diario de Moscú*..., p. 52)

En la traducción castellana se ha desplazado *siempre* de modo incorrecto, de manera que se entiende, equivocadamente, que es siempre a la puerta a donde llama el empleado, y no, por ejemplo, a la ventana. *Immer* se refiere al hecho de llamar en general. Propongo: *Todas las mañanas, antes de las nueve, cuando...* (*siempre* queda recogido en **todas** *las mañanas*)

> Und wenn ich ... ein vernichtendes Urteil über die *Saarstahlinvestitionen und neuerlichen Saarstahlsubventionen lese, erlaube ich mir Zweifel an den heilenden Kräften des unfreien freien Marktes...*

> (Heinrich Böll, *Vorwort*, in: Petra Kelly, *Um Hoffnung kämpfen ...*, p. 8)

> Y cuando leo ... un juicio aniquilador *sobre las inversiones* últimamente sobre las subvenciones aplicadas a la industria siderúrgica del Sarre, *entonces me permito dudar de la fuerza terapéutica del mercado libre, que no es nada libre...*

> (Heinrich Böll, *Prólogo*, en: Petra Kelly, *Luchar por la esperanza ...*, p. 9)

De nuevo se produce un cambio de sentido: mientras que en el original *neuerlich* se refiere a las subvenciones, en el texto castellano, el adverbio hace referencia a *leo*, dando a entender que en los últimos tiempos se escribe mucho en los periódicos sobre el tema de las subvenciones a la industria. El significado original se podría recuperar por ejemplo del siguiente modo: *Y cuando leo... un juicio aniquilador sobre las inversiones que se han hecho en la industria siderúrgica del Sarre y sobre las subvenciones que últimamente ha recibido, me permito...*

> Die Entscheidung *über die Stipendienvergabe* trifft der DAAD in Bonn.

> (*Aufbaustudiengänge an Hochschulen...*, p. 13)

El DAAD resuelve en Bonn sobre la concesión de las becas *respecto a los candidatos propuestos.*

(*Ampliación de estudios...*, p. 13)

El texto alemán podría interpretarse de dos maneras distintas: tal y como lo ha hecho el traductor, es decir, destacando la importancia de la ciudad donde se hace la selección de los candidatos (= la decisión se toma en Bonn) o entendiendo que *in Bonn* es un complemento de *der DAAD* (= la oficina del DAAD de Bonn es la que decide). Es de sentido común pensar que la ciudad tiene para nuestro texto una importancia relativa, sí en cambio interesa saber qué organismo es el último responsable de la decisión (el de Bonn). Teniendo en cuenta que en este folleto sobre la ampliación de estudios en la RFA se informa de que la oficina central del «Deutscher Akademischer Austauschdienst», (DAAD), está en Bonn podemos traducir: *La central del DAAD, en Bonn, resuelve sobre...*

Sophia schreibt, daß man in Deutschland ihr den Aufenthalt nicht länger gestatten will.

(Walter Benjamin, *Moskauer Tagebuch...*, p. 40)

Sophia escribe que no le permiten prolongar su estancia én Alemania.

(Walter Benjamin, *Diario de Moscú...*, p. 35)

En el texto alemán no hay duda de que son los alemanes los que no le dan la prórroga a Sophia; en el castellano, en cambio, cabe preguntarse: ¿quién o qué institución no permite a Sophia quedarse por más tiempo en Alemania? Pudieran ser causas ajenas a este país. La traducción castellana responde a esta redacción alemana: *Sophia schreibt, daß man ihr den Aufenthalt in Deutschland nicht länger gestatten will.* Propongo como alternativa: *Sophia escribe que los alemanes no le permiten prorrogar su estancia en el país.*

Heinrich Maria Ledig-Rowohlt war nicht nur als Verlagskaufmann ein listiger Fallensteller - *der uneheliche Sohn Ernst Rowohlts und der Schauspielerin Maria Ledig* war auch ein Schauspieler *der tausend Masken.*

(*Kultur Chronik...*, 3/1992, p. 11)

Heinrich Maria Ledig-Rowohlt era, no sólo en su condición de editor, un astuto trampero; él, que era hijo ilegítimo *de Ernst Rowohlt y de la actriz Maria Ledig,* era también un actor *con mil máscaras distintas.*

(*Kultur Chronik...*, 3/1992, p. 11)

En el texto castellano, la condición de hijo ilegítimo de Heinrich Maria Ledig-Rowohlt se equipara al hecho de que fuera un actor polifacético. Se trata de dos niveles distintos en la caracterización de una persona que cumple mantener diferenciados y que no se corresponden con los que compara el original. En el texto alemán, el equilibrio de las estructuras es correcto porque las dos ideas que se enlazan son que Heinrich Maria Ledig-Rowohlt era a la vez un magnífico trampero y un actor polifacético. Propongo: *Heinrich Maria Ledig-Rowohlt era, no sólo como editor, un astuto trampero; él, hijo ilegítimo de Ernst Rowohlt y de la actriz Maria Ledig, era también un actor con mil máscaras...*

Das positive Recht *aber* erscheint ... nur als Ausführung des Naturrechts *im einzelnen. Thomas von Aquino bestreitet damit die Geltung naturrechtswidrigen positiven Rechts.*

(Hans Schlosser, *Grundzüge...*, p. 40)

El Derecho Positivo se manifiesta... como ejecución tan sólo del Derecho Natural. *Con ello Tomás de Aquino niega el valor del Derecho Positivo cuando aparece opuesto al Derecho Natural.*

(Hans Schlosser, *Perfiles...*, p. 49)

En la versión castellana puede entenderse que se piensa en un espectro amplio de Derechos —entre los que se encuentra el Derecho Natural— de cuya ejecución se encarga el Derecho Positivo, dejando a un lado a todos los demás. Sin embargo, *nur* en el

texto alemán se refiere a *Ausführung*, y no a *Naturrecht*. Se trata
de decir que Tomás de Aquino no entiende el Derecho Positivo sino
como una ejecución, como una mera puesta en práctica del Derecho
Natural. Este significado se recogería en castellano cambiando de
lugar el elemento oracional desplazado: *El Derecho Positivo se
manifiesta… tan sólo como ejecución del Derecho Natural / …como
una mera ejecución del Derecho Natural…*

> *In einem* selbstgebauten *Heißluftballon, dem größten bisher in
> Europa gebauten (28 m hoch), flüchteten zwei Familien 1979).*

> *En un globo de aire caliente de* propia construcción, *y hasta ahora
> el mayor de Europa (28 m de altura), se fugaron dos familias en
> 1979.*

> (*Es geschah an der Mauer*…, pp. 72-73)

No es lo mismo decir *me llamó por mi propio nombre* que *me
llamó por mi nombre propio*. De la misma manera, cuando queremos decir que algo está hecho por nosotros mismos y que no lo
hemos comprado o que no lo ha fabricado otra persona, posponemos
el adjetivo: *En un globo de aire caliente de construcción propia…*

3.5.   La ambigüedad sintáctica

Es frecuente al escribir que formulemos oraciones de significación ambigua y que ello nos pase inadvertido incluso al revisar
nuestro trabajo. Esta ambigüedad suele producirse por una colocación errónea de los elementos, por una polivalencia funcional del
componente causante de la ambigüedad en cuestión. Por lo general
no se trata de un contagio directo de la lengua de partida, sino que
el fenómeno se produce por el hecho de escribir en sí. Pudiera
decirse que hay que atar tantos cabos a un tiempo que alguno
queda suelto. Obsérvense los siguientes ejemplos:

Se vende lencería de señora de seda
(¿Es de seda la lencería o la señora?)

Isabel Molina es una investigadora del I.N.C., cuya trayectoria científica todos conocemos
(¿Qué trayectoria científica conocemos todos: la de Molina o la del I.N.C.?)

No siempre los casos de ambigüedad son tan claros, a veces se producen sólo por un momento y el contexto se ocupa de despejar la incógnita, pero hay que corregirla para no impedir la fluidez de la lectura. Veamos lo que ocurre en traducción:

Die Unterrichtssprache ist Deutsch, falls nicht ausdrücklich eine andere Sprache genannt ist. Es wird in aller Regel, auch da, wo dies nicht ausdrücklich erwähnt ist, bei der Zulassung der formale Nachweis deutscher Sprachkenntnisse höheren Niveaus verlangt.

(*Aufbaustudiengänge an Hochschulen...*, p. 11)

Se entiende que las clases se imparten en alemán, a menos que en el texto se mencione expresamente otro idioma. Por eso, a efectos de admisión por regla general *se exige la acreditación formal de un nivel superior de dominio de la lengua alemana, aunque este requisito no se mencione de forma expresa.*

(*Ampliación de estudios...*, p. 11)

En la versión castellana, la lectura se ve interceptada por ambigüedad momentánea: ¿se trata de un procedimiento de admisión que sigue una regla general? El problema se resolvería haciendo uso de *comas: ...Por eso, a efectos de admisión, por regla general se exige...,* o bien cambiando el orden de los elementos: *...Por eso, a efectos de admisión se exige por regla general...*

...Fahrt in der Tram längs der Moskwa, vorbei an der Erlöserkathedrale, über den Arbatskajplatz. Nachmittags nochmals in der Dunkelheit dahin zurück, in den Reihen der Holzbuden spaziert, dann durch die Frunsestraße, am Kriegsministerium vorbei...

(Walter Benjamin, *Moskauer Tagebuch...*, p. 38)

*...viaje en tranvía a orillas del Moscova, pasando por la Catedral
del Salvador y cruzando la Plaza Arbatskaya. Por la tarde, volviendo otra vez en la oscuridad, paseo por las hileras de tenderetes de
madera; luego, por la calle Frunse, pasando frente al Ministerio de
la Guerra...*

(Walter Benjamin, *Diario de Moscú* ... , p. 34)

En la versión castellana, *otra vez* puede referirse tanto a
volviendo como a *la oscuridad*; cabe preguntarse: ¿volvió otra vez?
—lo cual pecaría de redundante, ya que *volver* implica en sí
repetición— o ¿estaba otra vez oscuro cuando volvió?

En este caso el texto alemán puede haberse interpretado mal:
nochmals no se refiere ni a *in der Dunkelheit* ni a *zurück*, sino a
dahin para expresar que quien escribe se dirigió otra vez al lugar
mencionado, en el camino de vuelta y cuando ya había oscurecido.
Propongo: *...Por la tarde, de regreso en la oscuridad... / Por la
tarde, el mismo camino de vuelta en la oscuridad...*

Um jungen Hochschulabsolventen und Berufstätigen aus den
Entwicklungsländern nach zumindest zwei Jahren Berufspraxis
die Teilnahme an solchen Studiengängen zu ermöglichen, *bietet
der DAAD ... ein spezielles Stipendienprogramm...*

(*Aufbaustudiengänge an Hochschulen...*, p. 12)

*El DAAD ofrece... un programa especial de becas... con el que se
trata de* facilitar el acceso a dichos estudios de jóvenes *titulados y
profesionales procedentes de* países en vías de desarrollo que
tengan una experiencia profesional *de por lo menos dos años.*

(*Ampliación de estudios...*, p. 13)

Nos encontramos aquí ante dos casos de ambigüedad sintáctica:
en el primero, en el transcurso de la lectura nos preguntamos,
aunque sólo sea por un momento, si se trata de estudios que
únicamente cursen jóvenes. Esto ocurre porque la función sintáctica
de *de jóvenes* es polivalente: puede referirse a *acceso* (*acceso de
jóvenes*) y a *estudios* (*estudios de jóvenes*). Habrá que deshacer la
ambigüedad, eliminando esta polivalencia: *...con el que se trata de*

facilitar el acceso a dichos estudios a jóvenes titulados y profesionales...

En el segundo caso, el problema surge por la misma razón: la proposición de relativo es polivalente en el sentido de que puede relacionarse con dos antecedentes: *jóvenes titulados y profesionales* y *países en vías de desarrollo.* Hay que evitar esta doble posibilidad de relación: *...jóvenes titulados y profesionales procedentes de países en vías de desarrollo y que tengan una experiencia profesional de dos años como mínimo.*

> *Es ist Winter. Aber eben war da noch eine Wärme gewesen, mehr, eine Glut, wüstenhaft, sengend, erstickend. Dabei war ich auf offener See, ja über ihr, denn ich flog, ohne daß ein Laut zu vernehmen war,* in einem Gerät, das ich nicht zu erkennen, wohl aber zu steuern vermochte.

> (Stephan Hermlin, *Abendlicht...*, p. 12)

> *Es el invierno. Pero hace un momento sentía un calor agobiante, más bien una canícula abrasadora, asfixiante. Sin embargo, me hallaba en mar abierto, más exactamente sobre mar abierto, porque volaba, sin que percibiera el menor ruido,* en un aparato que en verdad desconocía pero que era capaz de orientar.

> (Stephan Hermlin, *Luz de atardecer...*, p. 10)

¿Es el narrador quien es capaz de orientar el aparato o es el aparato el que es capaz de orientar? Propongo: *Estamos en invierno, pero hace un momento sentía un calor agobiante, más aún, una canícula abrasadora... volaba, sin oír ningún ruido, en un aparato que no conocía, pero que (yo) era capaz de manejar.*

3.6.   La interrupción incómoda del mensaje

Obsérvese la redacción del siguiente texto:

> *Me dijo que, cuando llegó, se había dirigido en seguida a su despacho para, después de haberse cerciorado de que no había nadie, comprobar —era una cuestión de vida o muerte— si faltaba algún documento.*

Es éste un caso atestado de interrupciones, pero, salvando lo que el ejemplo tiene de exageración en este sentido, la tendencia está más extendida de lo que pudiera parecer. La lectura de un texto debe ser en su redacción fácilmente comprensible y fluida. Si el tema interesa, cualquier obstáculo que se interponga bruscamente a la comprensión resultará frustrante y hasta provocará irritación si se produce con frecuencia. Le ocurre al lector como al hambriento que está a punto de hacerse con un bocado suculento y se queda en un segundo sin él. Comparemos el texto anterior con éste que no abusa de la intercalación, por lo que resulta ligero y cómodo para el lector:

> *Cuando llegó me dijo que, después de haberse cerciorado de que no había nadie, se había dirigido en seguida a su despacho para comprobar si faltaba algún documento, pues era cuestión de vida o muerte.*

La interrupción incómoda a la que me refiero se observa en los más diversos momentos del discurso. Veamos por ejemplo la siguiente:

> *Ich kaufe bei einem Straßenhändler ... eine kleine Puppe, Stanka-Wanka, für Daga ein, hauptsächlich* um bei dieser Gelegenheit für mich selbst auch eine zu bekommen.

(Walter Benjamin, *Moskauer Tagebuch*..., p. 41)

> *A un vendedor callejero le compro... una muñequita, s t a n k a-w a n k a, para Daga; sobre todo* para, aprovechando la oportunidad, comprarme yo también una.

(Walter Benjamin, *Diario de Moscú*..., p. 36)

Interrumpir la proposición final después de la conjunción hace incómoda la lectura. Mejor si escribimos: *A un vendedor callejero le compro una muñequita... para Daga, pero sobre todo aprovecho la oportunidad para comprarme...*

Sin embargo, los incisos molestos abundan más cuando se separa el verbo de su complemento o en el caso de las perífrasis verbales.

Separar el complemento del verbo al que acompaña no supone una trasgresión de las reglas de la gramática. Por el contrario, a menudo es un recurso expresivo muy apreciable. Sin embargo, conviene saberlo utilizar con elegancia. Obsérvese la diferencia entre estos dos ejemplos.

Tengo —dijo bajando la voz— jaco para un par de chutes

Tengo jaco para un par de chutes, dijo bajando la voz

La incomodidad resulta más flagrante cuando lo que se separa es una locución:

El hombre rompió, estrepitosamente, a reír... (mejor: *El hombre* rompió a reír estrepitosamente)

En el lenguaje periodístico se observa un uso indiscriminado de este fenómeno:

El candidato del Partido Popular tenía ayer, por primera vez, aspecto de *estar algo cansado.*

(*El País*, jueves 27 de mayo de 1993, p. 19)

Tener aspecto de algo es una locución y como tal es mucho más delicado separar sus elementos. Resultaría más elegante escribir: *Ayer por primera vez, el candidato del Partido Popular tenía aspecto de estar algo cansado.*

En ocasiones, hasta puede producirse un cambio de sentido en el mensaje:

El presidente turco trata en Croacia de impedir *la extensión de la guerra.*

(*El País*, 21 de febrero de 1993, p.3)

Según se lee, el presidente turco está negociando en Croacia para conseguir parar una guerra que se está desarrollando en otro lugar, mientras que lo que pretendía decirse era que *el presidente turco trata de impedir la extensión de la guerra en Croacia.*
En la mayoría de los casos, no hay cambio de significado; simplemente, la interrupción provoca cierta incomodidad al lector.
Veamos otros ejemplos de traducciones en los que se separan el verbo de su complemento o se interrumpen locuciones:

Der Schein, der mir Ermäßigung bei den Hotels erwirkt, sollte fertig sein, ist es aber nicht. Dafür gibt es *im gewohnten Vorzimmer mit dem unbeschäftigten Herrn und dem Fräulein* eine recht ausgedehnte Unterhaltung *über Theaterfragen.*

(Walter Benjamin, *Moskauer Tagebuch*..., p. 24)

El papel por el que se me concede la reducción de precio en los hoteles debería estar listo, pero no lo está. En la antesala de costumbre mantenemos, en cambio, una dilatada conversación *sobre cuestiones de teatro con el señor desocupado y con la señorita.*

(Walter Benjamin, *Diario de Moscú*..., p. 22)

Nos encontramos ante un caso similar al de arriba. Sugiero esta versión: ...*En cambio, mantenemos una dilatada conversación sobre cuestiones de teatro con el señor desocupado y con la señorita en la antesala de costumbre.*
Pero además, en este ejemplo, *en cambio* como traducción del alemán *dafür*, no trasmite la idea del original de que el inconveniente de que el papel deseado no esté a punto queda compensado de algún modo por la oportunidad de conversar con alguien sobre teatro, por lo que habría que corregirlo también: ... *Pero mantengo una dilatada conversación sobre cuestiones de teatro...*

Sie spielt selbst in einer Band: als Rhythmus-Gitarristin.

... toca en una orquesta la guitarra.

(*Scala*, 2/abril-mayo de 1991, p.6)

El texto castellano resultaría más natural si el objeto directo no se separara del verbo: *toca la guitarra en una orquesta*. Sin embargo, esta versión invierte los acentos del original, que da mayor importancia al hecho de que la mujer a la que se hace referencia toque en una orquesta que a la mención específica del instrumento. Propongo otra alternativa: ... *ella también toca en una orquesta; es guitarrista.*

«Dann, Effi, bitte, steig ein.» Und während Effi dem nachkam und einer von den Bahnhofsleuten einen kleinen Handkoffer vorn beim Kutscher unterbrachte, gab Innstetten Weisung, den Rest des Gepäcks mit dem Omnibus nachzuschicken. Gleich danach nahm auch er seinen Platz, bat, sich populär machend, einen der Umstehenden um Feuer *und...*

(Theodor Fontane, *Effi Briest...*, p. 44)

—*Entonces monta, Effi.*
Y mientras Effi montaba y uno de los mozos de estación depositaba una maleta en la parte delantera, junto al cochero, Innstetten dio instrucciones para que el resto del equipaje fuese enviado en el ómnibus. Acto seguido ocupó él también su asiento, pidió, haciendo gala de campechanía, fuego a uno de los circundantes, *y...*

(Theodor Fontane, *Effi Briest...*, p. 64)

Puede que en esta ocasión el traductor se haya dejado llevar por el orden que sigue la oración alemana, pero en buen castellano diríamos: *...Acto seguido ocupó él también su asiento, pidió fuego a uno de los circundantes, haciendo gala de campechanía, y...*

Will eine Dohle einer anderen gegenüber ihre Unterwerfung ausdrücken, so duckt sie sich etwas und dreht dem zu besänftigenden Artgenossen den Hinterkopf zu, so recht verlockend zum Hinein-

hacken. Möwen, aber auch Reiher, präsentieren dem Überlegenen die Oberseite ihres Kopfes, *indem sie den Hals lang und flach vorstrecken, also durch eine Stellung, die den Gnadeflehenden besonders wehrlos macht.*

(Konrad Lorenz, *Er redete mit dem Vieh...*, pp. 124-125)

Si una grajilla quiere significar su sumisión a otro individuo de su especie, se agacha algo y vuelve el occipucio un tanto hacia el compañero de especie a quien desea apaciguar, como si lo invitara a darle un picotazo. Las gaviotas y las garzas presentan, al que reconocen como superior, la parte alta de la cabeza, *estirando el cuello horizontalmente, en una posición que deja inerme por completo al que pide merced.*

(Konrad Lorenz, *Hablaba con las bestias...*, pp. 202-203)

La relevancia apositiva que adquiere, a través de las comas, al *que reconocen como superior* es innecesaria, puesto que ya se ha anunciado anteriormente que se va a describir el ritual de sumisión de las grajillas. Ahora se trata de explicar, aún con más detalle, la manera en que estas aves dan a entender a su contrario esta sumisión: ...*Las gaviotas y las garzas presentan la parte alta de la cabeza al que reconocen como superior estirando el cuello horizontalmente...*

Die Körper der Frauen und Männer der Compagnie L'Esquisse mit «Une femme chaque nuit voyage en grand secret» zeigen sich dagegen *durch das ständige Bewußtsein der Blicke des anderen Geschlechts geformt.*

(*Kultur Chronik...*, 3/1992, p. 4)

Los cuerpos de las mujeres y de los hombres de la Compagnie L'Esquisse, en «Une femme chaque nuit voyage en grand secret», se muestran, por el contrario, configurados *por la conciencia permanente de las miradas del otro sexo.*

(*Kultur Chronik...*, 3/1992, p. 4)

El texto ganaría en fluidez y expresividad si escribiéramos: *Por el contrario, los cuerpos de las mujeres y de los hombres de la Compagnie L'Esquisse... se muestran configurados por la conciencia permanente de las miradas del otro sexo.*

El mismo efecto de incomodidad sentimos a menudo cuando se separan los elementos de una perífrasis.

La interrupción apositiva de una perífrasis verbal es lícita y necesaria cuando la aposición añade un énfasis específico a lo que se quiere expresar; sin embargo, a menudo este recurso se utiliza con poca precisión, cortando innecesariamente el hilo de la idea que se expone. Obsérvese de nuevo un ejemplo del lenguaje periodístico:

> *Se ha anunciado que ambos presidentes van a celebrar una nueva reunión para mejorar las relaciones. Pero mientras en Moscú haya un Congreso que* pueda, invocando la legalidad, jugar *contra Yeltsin la carta de agravar los conflictos internacionales y de empeorar las relaciones exteriores de Rusia, será difícil que Kiev renuncie a presentarse como Estado nuclear...*

> (*El País*, 26 de julio de 1993, p. 8)

El verbo núcleo de la perífrasis, *poder*, expresa demasiado poco de lo que se quiere decir y la comprensión queda pospuesta a causa del inciso. No se perdería nada del énfasis que le otorga la aposición si la redacción rezara: *...Pero mientras en Moscú haya un Congreso que, invocando la legalidad, pueda jugar contra Yeltsin la carta de agravar...*

Compárese la diferencia en los siguientes pasajes, en los que también se ha interrumpido la perífrasis:

> *El horror venía* —lo supe en el mismo momento— de creerme prisionero *en un cuerpo de axolotl, transmigrado a él con mi pensamiento de hombre, enterrado vivo en un axolotl...*

> (Julio Cortázar, *Cuentos...*, p. 118)

Venir, en el sentido que aquí se emplea de *provenir*, es suficientemente expresivo, por lo que la interrupción no interfiere la transmisión de la idea.

Veamos otros dos ejemplos de interrupción correcta, por expresiva:

> Por mediación de las andaluzas, la Valcárcel tuvo ocasión, y la aprovechó, de ofrecer un verdadero servicio a las de Silva...

> > (Leopoldo Alas, *Su único hijo*..., p. 148)

o bien:

> Iba a abrirse el a n t i g u o c o l i s e o con la compañía de ópera remendada, y las de Silva no podrían ir los jueves y domingos a lucir *sus gracias*...

> > (Leopoldo Alas, *Su único hijo*..., p. 148)

En ambos ejemplos los verbos auxiliares ya han sido completados con suficiente información como para que la cesura resulte ambigua o molesta: *tener **ocasión**, poder **ir***.

En cambio, compárese la diferencia:

> *La diligencia se iba, paulatinamente, alejando...* (mejor: *La diligencia se iba alejando paulatinamente...*)

La interrupción de la perífrasis en este caso incomoda, porque el verbo que sirve de auxiliar, *ir*, tiene significado muy diferente si se utiliza como verbo principal (p. ej.: ir al cine), con lo que el lector, por un momento, no sabe a cuál de los dos significados atenerse.

> Keine der *in unserem Parlament vertretenen* Parteien wird es wagen, keine, *eindeutig öffentlich* klar zu machen, *daß zwar allenthalben in der Welt die Dogmen wanken*...

> > (Heinrich Böll, *Vorwort*, in: Petra Kelly, *Um Hoffnung kämpfen*, p. 9)

> Ninguno de los partidos *representados en nuestro parlamento* se atreverá, ninguno, a declarar *en público, abierta e inequívocamente, que en todo el mundo los dogmas se tambalean*...

> > (Heinrich Böll, *Prólogo*, en: Petra Kelly, *Luchar por la esperanza*..., p. 11)

Si no fuera fruto de una traducción, el texto castellano se hubiera formulado probablemente de otro modo, por ejemplo: *Ningún partido, ni uno solo de los que están representados en nuestro parlamento se atreverá a declarar en público...*

> *Die einzelnen Wissenschaftsbereiche trennen sich stärker voneinander, und mit Hilfe neuer chemischer und physikalischer Erkenntnisse wird die experimentelle Forschung verbessert.* Es beginnt außerdem eine starke Trennung *zwischen naturwissenschaftlicher Forschung und Naturphilosophie aufgrund auseinanderstrebender Ansichten.*

(Biowissenschaften..., p. 27)

> *Se delimitan ahora más definidamente los distintos campos de la ciencia, y con la ayuda de los nuevos conocimientos físicos y químicos se mejora la investigación experimental.* Comienza además a distinguirse *más claramente entre investigación científica de la naturaleza y filosofía de la naturaleza.*

(Las ciencias biológicas..., p. 27)

¿No resulta más cómoda la lectura si escribimos: *Además, comienza a distinguirse más claramente entre...*

Una descripción de un programa-concurso de la televisión alemana dice así:

> *Manchmal verliert der Quizmaster die sogenannte Saalwette. Dann* muß er beispielsweise versuchen, *sich im Papierschiffchen über Wasser zu halten.*

> *A veces, el presentador pierde la apuesta hecha por alguno de los espectadores de la sala y* tiene —por ejemplo— que intentar *mantenerse a flote en un barquito de papel.*

(*Scala*, 2/abril-mayo de 1991, p. 6)

Los incisos no deben interrumpir la perífrasis, por lo que hay que ponerlos antes o después: *...y tiene que intentar, por ejemplo, mantenerse a flote... / ...y, por ejemplo, tiene que intentar mantenerse a flote...*

Das Licht aus dem Vorzimmer bringt einen großflächigen Glanz an der Wand über dem Bett hervor, der in einer geschwungenen Linie vom Kopfende des Bettes aus begrenzt wird, das Bett im Augenblick niederdrückt, ...die Zimmerdecke über dem Bette hebt.

(Franz Kafka, *Tagebücher*..., p. 52)

La luz de la antesala envía un resplandor que ocupa una gran extensión en la pared, pasando por encima de la cama; queda delimitado por la cabecera que forma una línea ondulada, la cual parece, en este momento, oprimir la cama *hacia abajo, ...y elevar el techo de la estancia.*

(Franz Kafka, *Diarios*..., p. 71)

Para no interrumpir la fluidez en la transmisión del mensaje hubiera sido mejor escribir: *...la cual, en este momento, parece oprimir la cama...,* y no *...parece, en este momento, oprimir la cama.* Sin embargo, propongo redactar de nuevo todo el párrafo, que resulta alambicado en su redacción: *La luz de la antesala se refleja extensamente en la pared por encima de la cama, dibujando una línea ondulada hasta la cabecera que, en este momento, parece presionar la cama hacia abajo y levantar el techo de la estancia.*

3.7. Los signos de puntuación

3.7.1. *El punto, la coma, el punto y coma: consideraciones generales*

Conviene no olvidar, aunque parezca evidente, que los signos de puntuación no deben transportarse automáticamente del texto original al traducido, no sólo porque —aun tratándose de estructuras comparables— la normativa relativa a estos signos sea diferente en cada una de las lenguas, sino porque al traducir se produce una organización completamente diferente de las estructuras y la puntuación debe atender a esta nueva organización. La colocación de los signos ha de estar al servicio del nuevo texto, por lo que hay que entender que cualquier parecido con su utilización en el original ha de ser pura coincidencia.

Las consecuencias de la mala utilización de los signos de puntuación son de diverso calibre. A veces, el incumplimiento de las normas que la gramática dicta para ellos, o su cumplimiento erróneo, supone una diferencia de matiz, otras veces puede provocar ambigüedad y en ocasiones, graves malentendidos. Pero la importancia de esta sutil herramienta de expresión pasa más desapercibida de lo que debiera, y por añadidura, en traducción se descuida aún con mayor facilidad.

a) El punto

En general, entre el punto, el punto y coma y la coma existen, de mayor a menor, distintos grados de conexión semántica entre los elementos que separan. Obsérvese la diferencia de matiz en cuanto al nexo entre las oraciones siguientes, según se utilice punto o punto y coma (póngase especial atención en la parte destacada del texto):

> La historia de los Amantes de Teruel procede de una antigua tradición, posteriormente documentada. En los primeros años del siglo XIII *viven en la ciudad Juan Diego Martínez de Marcilla e Isabel de Segura, cuya temprana amistad se convierte pronto en amor...*

> La historia de los Amantes de Teruel procede de una antigua tradición, posteriormente documentada; en los primeros años del siglo XIII *viven en la ciudad Juan Diego Martínez de Marcilla e Isabel de Segura, cuya temprana amistad se convierte pronto en amor...*

El uso del punto resulta más adecuado que el del punto y coma en el sentido de que nos anuncia que a partir de este momento comienza un mensaje diferenciado del anterior: primero se ha enunciado el tema (la historia de los Amantes procede de una antigua tradición posteriormente documentada) y a continuación se aborda su desarrollo (qué es lo que nos cuenta esta tradición). Veamos este otro ejemplo:

Las vacaciones resultaron todo un éxito. La organización fue perfecta y *las actividades planificadas fueron tan interesantes que estoy pensando en repetir el año que viene.*

También en esta ocasión nos encontramos ante un enunciado general que pasa luego a especificarse con mayor detalle, por lo que el punto es más indicado que el punto y coma.

b)   El punto y coma

El punto y coma indica una separación menos tajante entre las ideas que se exponen; por ello la necesidad de usarlo, en general, está justificada por el hecho de que existe una conexión semántica mayor. En los siguientes ejemplos el punto y coma se hace necesario por existir una relación sintáctico-semántica entre las proposiciones:

Has llegado demasiado tarde; por tanto, *tendrás que ponerte a la cola.*

Ayer tuve que ocuparme yo de casi todo: atender a las llamadas, concertar entrevistas, hacer la facturación; en fin, que no tuve tiempo de dedicarme a mis asuntos.

La utilización del punto, en estos casos, rompería la conexión de causa-consecuencia que existe entre los enunciados que se exponen.

Es claro que la conexión no es siempre de tipo causal-consecutivo:

Es una familia muy aficionada a la música: el padre toca el violín; la madre, el arpa; la hija, la flauta.

Sustituir el punto y coma por el punto equivaldría a interrumpir la enumeración; por lo que la idea que se quiere expresar, la afición musical de la familia, quedaría fraccionada, y es evidente que hay una fuerte conexión semántica, puesto que en las últimas proposiciones el verbo que se omite es el mismo de la primera: *toca*. Así el uso del punto, en este caso, debe considerarse erróneo:

> *Es una familia muy aficionada a la música:* el padre toca el violín. La madre, el arpa. La hija, la flauta.

Sin embargo, el grado de relación semántica entre las proposiciones no siempre resulta tan evidente como en los ejemplos mencionados. En ocasiones, depende de cómo lo perciba el que escribe; es decir, del punto de vista subjetivo de cada uno o del efecto que se quiera conseguir; es decir, depende de si el que escribe *quiere* provocar en los lectores una impresión de mayor o menor separación entre los aspectos parciales en la exposición de la idea general. Esto ocurre sobre todo cuando se hace del lenguaje un medio artístico de expresión, en la literatura. En cualquier caso, es claro que en la literatura, entendida en sentido estricto como *las bellas letras*, se consiguen estos efectos especiales precisamente porque se utiliza el lenguaje de manera sorprendente, es decir, no habitual, y se establece en la lectura una comparación con la norma. Es claro que hay que dominar primero la norma para conseguir después, si lo deseamos, un efecto artístico, estilístico, al variar el comportamiento normativo.

Obsérvese la diferencia de matiz —dependiente de la óptica subjetiva de quien escriba— en el párrafo siguiente, según se emplee el punto o el punto y coma. Debemos ser conscientes de que el efecto que se consigue será respectivamente más o menos cortante:

> Visitamos ayer la casa de un amigo en la sierra, que tenía una parcela con muchos árboles y una extraordinaria piscina; en el interior de la casa, el mobiliario era moderno y estaba puesto con mucho gusto; nada de lo que allí había desentonaba; todo en aquel lugar, *donde el silencio era la nota más sobresaliente, invitaba a la contemplación y a la reflexión.*

La descripción resultaría ciertamente más lacónica si se hubiera utilizado siempre el punto en vez del punto y coma, pero —al tratarse de oraciones largas— el estilo de la narración no cambia esencialmente. El laconismo se acentuaría si la descripción se hiciera a base de proposiciones cortas:

> Visitamos ayer la casa de un amigo en la sierra; el mobiliario era moderno y estaba puesto con mucho gusto; nada de lo que allí había desentonaba; todo en aquel lugar *invitaba a la contemplación y a la reflexión.*

Pero el estilo aún resultaría mucho más lacónico si separáramos con punto las proposiciones:

> Visitamos ayer la casa de un amigo en la sierra. El mobiliario era moderno y estaba puesto con mucho gusto. Nada de lo que allí había desentonaba. Todo en aquel lugar *invitaba a la contemplación y a la reflexión.*

El punto, bien utilizado, resulta tanto más expresivo cuanto más inhabitual sea su aplicación. Obsérvese la importancia expresiva del punto en los siguientes ejemplos:

> *Según ellos, lo que hay que hacer con esta construcción europea es perfeccionarla. Otros, entre los que me cuento, piensan que* lo que hay que hacer es reconsiderarla. De cabo a rabo.

> (Regis Debray, «Sobre la unión europea», en : *El país*, 7 de octubre de 1993, p. 17.)

La vehemencia con la que el autor quiere insistir sobre la importancia de la reconsideración de la unión europea a la que se refiere queda perfectamente reflejada gracias al punto. La idea perdería mucha fuerza expresiva si se hubiera redactado: *...lo que hay que hacer es reconsiderarla de cabo a rabo.*

O en este otro ejemplo, en el que el punto no sólo adquiere fuerza expresiva, como en el caso de arriba, sino que podría añadir unas connotaciones que harían cambiar la interpretación del mensaje:

> *Nuevos portátiles XY.* Para gente que trabaja. En cualquier parte.

> (Anuncio publicitario de un ordenador portátil)

Tratándose de un anuncio, la redacción *para gente que trabaja en cualquier parte* hubiera sido impensable. Trabajar en cualquier parte no dice mucho a favor de quien lo hace, desmerece. En el ejemplo real el significado es completamente diferente gracias al punto: el ordenador dignifica el espacio, de modo que en cualquier parte se podrá trabajar bien si se hace uso de él.

c)   La coma

Si bien entre el *punto* y el *punto y coma* no siempre resulta fácil establecer los límites, entre el *punto y coma* y la *coma* la distinción es más clara. Pudiéramos decir que mientras el *punto* y el *punto y coma* —con diferencia de grado— señalan en un párrafo las directrices divisorias de los grandes períodos del texto, la *coma* se distribuye dentro de estos períodos para indicar una separación necesaria cuando la idea global que quiere exponerse no se ha expresado completamente aún (p. ej. para separar las proposiciones en las oraciones compuestas):

> *Si vienes a verme, haremos un viajecito juntas* (separación de proposiciones)

Sin embargo, la función de la *coma* no se reduce a marcar en el texto las cesuras más laxas. A diferencia del *punto* y del *punto y coma*, la *coma* tiene en castellano una capacidad expresiva considerablemente mayor que la hace a la vez enormemente útil —por lo sutil— y peligrosa, en el caso de que se utilice erróneamente, puesto que puede inducir a equívoco o dar especial inflexión a los elementos cuando no conviene:

Según dónde coloquemos las comas, las oraciones siguientes cambian completamente de significado:

> *Era un poema breve, lamento desesperado de un alma desgarrada.*
> *Era un poema, breve lamento desesperado de un alma desgarrada.*

> *No me digas, lo contrario sería una verdadera indecencia.*
> *No me digas lo contrario, sería una verdadera indecencia.*

Así pues, la presencia o ausencia de comas puede hacer variar el sentido, el matiz, o acentuar o rebajar la importancia de lo que queremos expresar:

> *El hombre, de nariz aguileña, no era precisamente una belleza.*
> *El hombre de nariz aguileña no era precisamente una belleza.*

(Varía el sentido, pues en la primera oración las comas nos indican que la causa de la fealdad del hombre es la nariz aguileña, mientras que en la segunda *de nariz aguileña* es una seña de identidad del hombre, pero no la causa de su fealdad)

> *Me llegó otra queja del pesado, del vecino.*
> *Me llegó otra queja del pesado del vecino.*

(Varía el matiz, puesto que en ambas oraciones se dice que el vecino es un pesado, pero en la primera el que habla o escribe cree por un momento que el adjetivo es suficiente para que su interlocutor o lector identifique a la persona que se refiere: *pesado* y *vecino* son sinónimos, uno de los dos términos podría elidirse sin que por ello dejara de entenderse a quién se hace referencia)

> *Nos metimos en la cama, antes de las nueve, para calentarnos.*
> *Nos metimos en la cama antes de las nueve para calentarnos.*

(Las comas de la primera oración acentúan la importancia de la hora)

El uso de la coma en alemán es más mecánico que en castellano, ya que su utilización está prescrita por las reglas gramaticales con mayor rigidez que la coma castellana. La coma alemana no tiene la flexibilidad de la castellana y, por tanto, no está provista del poder significativo que caracteriza a la nuestra. En consecuencia, en la traducción del alemán al castellano ocurre fácilmente que, en la nueva oración, alguno de los elementos varía de matiz o recibe un énfasis que no tenía en el original por ir entre comas en el texto traducido, o al revés, que faltan las comas cuando serían necesarias para darle el mismo sentido o realce que en el texto original. A menudo, el efecto expresivo que en alemán se obtiene manipulando el orden de colocación de los elementos en la oración, en castellano se consigue poniendo entre comas el elemento en cuestión. Hay que prestar especial atención a las distintas estrategias de que dispone cada una de las lenguas para obtener resultados similares:

> *Asjas Zimmergenossin, eine breite Textilarbeiterin, sah ich erst am folgenden Tage, sie war noch abwesend.* Hier blieben wir zum ersten Male unter einem Dach einige Minuten allein.
>
> (Walter Benjamin, *Moskauer Tagebuch...*, pp. 17-18)

> *No vi a la compañera de habitación de Asia, una obrera textil ancha de proporciones, hasta el día siguiente; aún no había llegado.* Nos quedamos, por primera vez, algunos minutos a solas bajo el mismo techo.

Enfatizar *por primera vez* colocándolo entre comas resulta forzado en castellano y no reproduce en absoluto la naturalidad con que *zum ersten Male*, sin perder el protagonismo que tiene, está integrado en la oración alemana. La traducción castellana podría haber mantenido más fielmente el equilibrio del original: *...Era la primera vez que nos quedábamos algunos minutos a solas bajo el mismo techo.*

Pero al margen de estas consideraciones referidas al uso correcto o incorrecto de los signos de puntuación, conviene prestar atención al hecho de que, además, cada lengua manifiesta tendencias diferentes en este terreno. Así lo que en una lengua puede ser un uso natural de un determinado signo, en otra resulta extraño, sin que por ello pueda calificarse de incorrecto. Veamos los casos siguientes:

> *Eine Glocke läutet. Die Handballspieler laufen ins Schulgebäude. Ein Strom von anderen Schülern kommt ihnen entgegen, die Schultaschen in der Hand. Eine Frau öffnet von innen die Tür...*
>
> (*Die Zeit*, Nº 16, 16 de abril de 1993, p. 77)

Suena un timbre. Los jugadores de balonmano entran corriendo en el edificio escolar. Se cruzan con un tropel de alumnos que llevan la cartera en la mano. Una mujer abre la puerta desde el interior...

Es evidente que el texto alemán hace uso estratégico del punto para provocar una impresión de secuencia de instantáneas. Se trata de un estilo *fotográfico* que cumple respetar. Sin embargo, en castellano no es absolutamente necesario calcar al dedillo el mismo método para producir el mismo efecto. Entre las dos primeras oraciones hay una conexión de causa-consecuencia y el punto resulta demasiado cortante en nuestra lengua, sobre todo cuando sigue una enumeración insistente con separación por punto. El texto gana en fluidez y da el mismo resultado si traducimos:

Suena un timbre y los jugadores de balonmano entran corriendo en el edificio escolar. Se cruzan con un tropel de alumnos que llevan la cartera en la mano. Una mujer abre la puerta desde el interior.

Veamos otro ejemplo:

Vorsichtig öffnete ich die Augen, sah ein Stuhlbein und eine Pfütze dicht neben mir.

(Jakob Arjouni, *Happy Birthday Türke...*, p. 42)

Abrí los ojos lentamente, vi *a mi lado la pata de una silla y un charco.*

La secuencia cronológica que existe entre los dos hechos que se describen se expresa en castellano con mayor fluidez si decimos:

Abrí los ojos lentamente y vi *a mi lado la pata de una silla y un charco.*

O este otro:

Am nächsten Nachmittag machte Kamp einen ausgedehnten Spaziergang. Er ging zum Friedhof, ordnete die Tannenzweige, ein wenig, mit denen er das Grab seiner Frau abgedeckt hatte, im

Frühjahr wollte er es frisch bepflanzen, stellte ein Licht in die Laterne.

(Hans Werner Kettenbach, *Sterbetage...*, p. 88)

Al día siguiente Kamp dio un largo paseo. Fue al cementerio, recompuso las ramas de abeto con las que había cubierto la tumba de su esposa —en la primavera plantaría flores nuevas—, colocó una vela encendida en el farolillo.

Compárese la sequedad de esta versión con esta otra:

Al día siguiente Kamp dio un largo paseo. Fue al cementerio y recompuso las ramas de abeto con las que había cubierto la tumba de su esposa —en la primavera plantaría flores nuevas— y colocó una vela encendida en el farolillo.

A partir de estas consideraciones, veamos ahora algunos ejemplos que se presentan típicamente en traducción. El uso incorrecto de otro signo de puntuación donde tendría que ir un *punto* no es frecuente, pero sí lo es el del *punto y coma* y el de la *coma*, porque requieren mayor sensibilidad y atención:

3.7.1.1. *El punto y coma*

Fíjese el lector en la siguiente descripción:

Wir begegnen beim Eintritt ins Haus Bemensky, der eben heraus-kommt. Eine steile Holzstiege und hinter einer Tür zunächst die Küche mit offnem Feuer. Sodann ein primitiver Vorplatz, *der von Mänteln vollhängt...*

(Walter Benjamin, *Moskauer Tagebuch...*, p. 23)

Al entrar en la casa nos encontramos con Bemensky, que sale en este momento. Una escalera empinada de madera y, tras una puerta, primero la cocina, con chimenea. Luego, un vestíbulo muy sencillo, *lleno de abrigos...*

(Walter Benjamin, *Diario de Moscú...*, p. 20)

El carácter enumerativo de la descripción queda interrumpido por el punto, que debiera ser coma o punto y coma. En este caso, es preferible el punto y coma para evitar una acumulación exagerada del mismo signo, lo cual dificultaría la lectura. Compárese el efecto: ...*tras una puerta, primero la cocina, con chimenea; luego, un vestíbulo*...

> Das Forum war dicht gefüllt mit Fechtersklaven, die Nepos über Nacht aus der Campagna auf Leiterwägen hatte herbeischaffen lassen. Sie waren mißmutig *und durchfroren. Ich sah auch einige Kriegskrüppel, Veteranen des Pompejus, unter ihnen.* Die Wechslerbuden hatten geschlossen. Man erwartete Unruhen.

> (Bertolt Brecht, *Die Geschäfte*..., p. 1321)

> El foro estaba atestado de esclavos gladiadores que Nepos había hecho traer en carretas desde la Campania durante la noche. Estaban malhumorados *y muertos de frío. Entre ellos vi algunos lisiados de guerra, veteranos de Pompeyo.* Las agencias de cambio habían cerrado. Se esperaban desórdenes.

> (Bertolt Brecht, *Los negocios*..., p. 215-216)

Como ya he mencionado, los límites entre el *punto* y el *punto y coma* no siempre pueden establecerse con absoluta claridad; sin embargo, en este relato sería aconsejable sustituir el punto por el punto y coma (detrás de *noche* y detrás de *cerrado* respectivamente) porque de este modo resulta más clara la conexión de causa-consecuencia existente entre las oraciones y, sobre todo en el segundo caso, también para evitar la exposición de una secuencia de ideas exageradamente entrecortada. A mi entender sería preferible la siguiente versión: *El foro estaba atestado de esclavos gladiadores que Nepos había hecho traer en carretas desde la Campania durante la noche; estaban malhumorados y muertos de frío... Las agencias de cambio habían cerrado; se esperaban desórdenes.*

> Es ist seit seinem Tod kein Jahr vergangen, in dem in Deutschland allein nicht ein oder zwei gewichtige Bücher und ein halbes Dutzend wissenschaftlicher Dissertationen über ihn an den Tag gekommen

sind ... Man mag auch fragen: wer soll, wer kann, wer wird das alles lesen? - es bleibt doch dabei: es wäre nicht da, wenn er nicht da wäre; wenn...

(Peter de Mendelssohn, *Der Schriftsteller als politischer Bürger...,* p. 14)

Desde su muerte no ha transcurrido un solo año sin que, sólo en Alemania, se hayan publicado uno o dos libros voluminosos y media docena de disertaciones científicas ... Cabe también preguntarse: ¿quién va a querer, quién va a poder, quién leerá todo eso? —pero todo eso no estaría ahí si él no hubiera estado; no estaría ahí si...

(Peter de Mendelssohn, *El literato ciudadano crítico...,* p. 14)

La utilización del guión largo (también llamado *raya*) no se corresponde con exactitud en castellano y en alemán. El texto castellano exige en este caso un punto o un punto y coma: *¿...quién leerá todo eso?; pero todo eso no estaría ahí si él no hubiera estado, no estaría ahí si...*

145 m lang war dieser Tunnel. Er verlief in 12 m Tiefe. Der Einstieg war in einem Toilettenhaus eines Hinterhofes. Der Ausstieg *im Keller einer ausgedienten Bäckerei der Bernauer Straße...*

El túnel tenía una longitud de 145 metros y lo construyeron a 12 metros de profundidad. La entrada era por los retretes de una casa de vecindad. La salida por el sótano *de una antigua tahona de la Bernauer Straße...*

(*Es geschah an der Mauer...,* p. 66)

Como ya he dicho, los signos de puntuación no deben colocarse de la misma manera en el original y en la traducción. Al texto castellano le conviene otra distribución diferente de los signos: la descripción del túnel que empieza con *la entrada* no debe interrumpirse en la mitad con el uso del punto. Propongo esta nueva versión: *...La entrada era por los retretes de una casa de vecindad; la salida, por el sótano de...*

Die Angst vor *Bildung und Kultur, die bei uns herrscht* - und zu Recht, denn das meiste, was auf unseren Bühnen stattfindet, ist ja absolut unverständlich, wenn man nicht Abitur hat - *die muß man abbauen.*

«*Hay que superar el miedo al arte y la cultura existente en nuestro país* —un temor fundado, ya que la mayoría de las obras de teatro son absolutamente incomprensibles si no se tiene el bachillerato.»

(*Scala*, 2/abril-mayo de 1991, p. 32)

En la redacción castellana, la aclaración que introduce el guión largo acaba con la oración. En estos casos, es más conveniente usar coma o punto y coma: «*Hay que superar el miedo al arte y a la cultura existente en nuestro país; un temor fundado, ya que...*

3.7.1.2. La coma

1º) Casos en que se utiliza otro signo de puntuación, o ninguno, en lugar de la coma:

Er hatte die Vorbereitungen für seinen Umzug getroffen. Denn er wohnt mit einem Verrückten zusammen und *die ohnehin schwierigen Wohnangelegenheiten sind dadurch unerträglich kompliziert.*

(Walter Benjamin, *Moskauer Tagebuch*..., p. 24)

Había hecho los preparativos para su mudanza. Pues vive con un loco y *los asuntos relativos a la vivienda, de por sí ya difíciles, se complican por ello de modo insoportable.*

(Walter Benjamin, *Diario de Moscú*..., p. 22)

Por influencia de la puntuación del original se ha producido un calco que no conviene conservar en castellano. El punto debe sustituirse por una coma: *Había hecho los preparativos para su mudanza, pues vive con un loco y...*

Im Barbierladen große Debatte über den «Herrn aus Asien», der ohne Zweifel *allerhand «kleine Wünsche des großen Pompejus» anmelden und dessen Tätigkeit man «bald in Rom spüren» wird.*

(Bertolt Brecht, *Die Geschäfte...*, p. 1257-1258)

En la barbería hubo un gran debate acerca del «señor de Asia» que sin duda *se apresurará a comunicar todos los «pequeños deseos de Pompeyo el Grande» y cuya actividad «pronto se hará sentir en Roma».*

(Bertolt Brecht, *Los negocios...*, p. 127)

Conviene colocar una coma después de *señor de Asia* para que la proposición de relativo adquiera carácter explicativo. La ausencia de la coma lo hace especificativo, por lo que puede entenderse que hay varios *señores de Asia* y se hace referencia sólo a uno de ellos: *En la barbería hubo un reñido debate acerca del «señor de Asia», que sin duda...*

So sehr die Skeptiker mit ihren schlimmen Prophezeiungen recht behalten mögen, so viel triviale Festrednerei, leeres Sich-gütlich-Tun und selbst Mißbrauch und Verdrehung das Goethe-Jahr mit sich gebracht haben mag: es bleibt dabei, *daß...*

(Peter de Mendelssohn, *Der Schriftsteller als politischer Bürger...*, p. 6)

Por mucho que se confirmen los malos agüeros de los escépticos, y aunque el año de Goethe haya traído consigo mucha perorata trivial, vacío pavonearse y hasta abuso y tergiversación; en todo caso...

(Peter de Mendelssohn, *El literato ciudadano crítico...*, p. 6)

La idea que se ha iniciado en la oración anterior al punto y coma no ha terminado de expresarse; diríamos que queda «colgada», por lo que el uso de este signo resulta inadecuado, a pesar de que la oración ya contenga otros elementos entre comas: habría que sustituirlo por una coma: *... y aunque el año de Goethe haya traído* _consigo mucha perorata trivial, vacío pavonearse y hasta abuso y tergiversación, en todo caso..._

> _Das Haus der Lords ist bis auf den heutigen Tag_ eine Pairskammer, d. h. ein Herrenhaus, das _in der Hauptsache aus erblichen Mitgliedern besteht, die vom König ernannt werden._

> (Carl Schmitt, _Verfassungslehre..._, p. 295)

> _La Cámara de los Lores es, hasta hoy,_ una Cámara de Pares, es decir, de señores que _principalmente se compone de miembros hereditarios nombrados por el rey._

> (Carl Schmitt, _Teoría de la Constitución..._, p. 286)

Es este un claro ejemplo de la importancia significativa de la coma: la traducción castellana da a entender momentáneamente que el antecedente del pronombre relativo _que_ es _señores_, con lo que se produce un malentendido, al menos hasta que nos damos cuenta de que el verbo no concuerda en número (si _que_ se refiriera a _señores_, el verbo debería conjugarse en plural). Está claro que _de señores_ se trata de una aposición de la _Cámara de Pares_, por lo cual la coma, antes y después, es obligada: _...una Cámara de Pares, es decir, de señores, que..._

> _Im Zweiten Weltkrieg lebte in Genf ... ein Schriftsteller österreichischer Herkunft, der in einem noch unvollendeten Roman, von dem 1930 und 1932 zwei Teile erschienen waren, die Kultur Europas experimentierend auf die Probe gestellt hatte. Er hieß Robert Musil. Der Roman hieß: «Der Mann ohne Eigenschaften»._

> (Karl August Horst, _Strukturen..._, p. 14)

> _En la Segunda Guerra Mundial ... vivió en Ginebra un escritor de origen austríaco que puso a prueba experimentalmente a la cultura de Europa en una novela todavía incompleta, de la que han aparecido dos partes, en 1930 y en 1932._ Se llamaba Robert Musil. Y la novela «Der Mann ohne Eigenschaften».

> (Karl August Horst, _Caracteres..._, p. 14)

En castellano se emplea la coma para sustituir a un verbo que está omitido por haber sido mencionado antes en el contexto o por sobreentenderse en la situación. Así pues debemos escribir: ...*Se llamaba Robert Musil. Y la novela, «Der Mann...*, o bien: ...*Se llamaba Robert Musil; y la novela, «Der Mann...*

> Lotte Loebinger, die große alte Dame des deutschen Theaters: Sie erlebte die Epoche des politischen Theaters im Berlin der 20er Jahre mit Piscator, heiratete später *den Politiker Herbert Wehner, flüchtete vor den Nazis in die Emigration und steht heute wieder auf der Bühne.*

> Lotte Loebinger, la gran e inolvidable dama del teatro alemán: vivió la agitada época del teatro político berlinés de los años veinte y trabajó a menudo con el director Erwin Piscator. Posteriormente, Lotte Loebinger se casó *con el político Herbert Wehner y emigró ante la amenaza nazi.*

> (*Scala*, 2/abril-mayo de 1991, p. 35)

En el texto castellano los dos puntos son injustificados: no existe relación sintáctico-semántica evidente entre lo que antecede y lo que sigue a los dos puntos (véase más adelante el capítulo 3.7.2.2.). Es más adecuado el uso de la coma: *Lotte Loebinger, la inolvidable gran dama del teatro alemán, vivió...*

> *Rätselhaft ist der «Treueschwur», jener endgültige Anschluß des Hundes an einen Herrn. Gerade bei Hundekindern, die aus einem Zwinger kommen, erfolgt er ganz plötzlich, innerhalb weniger Tage.* Die «empfängliche Periode» *für diesen wichtigsten Vorgang des ganzen Hundelebens* liegt bei Aureushunden etwa zwischen acht Monaten und anderthalb Jahren, bei Lupushunden etwa um den sechsten Monat.

> (Konrad Lorenz, *Er redete mit dem Vieh...*, p. 131)

> *El juramento de fidelidad que establece la adhesión definitiva del perro a un señor es algo enigmático. En los cachorros que proceden de una perrera, aparece súbitamente, en cuestión de pocos días. El* «período sensible» *para el acontecimiento más importante en la*

vida del perro ocurre en las razas que llevan mucha sangre de chacal, entre los ocho y los dieciocho meses de edad; en aquellos en que pesa más la ascendencia del lobo, se presenta hacia los seis meses.

(Konrad Lorenz, *Hablaba con las bestias...*, p. 214)

La comparación que hace el autor entre los perros en los que predomina la sangre de chacal y aquellos en los que domina la de lobo no queda suficientemente clara si no escribimos una coma detrás de oc*urre*: ... *El «período sensible» para el acontecimiento más importante en la vida del perro ocurre, en las razas que llevan mucha sangre de chacal, entre los ocho y los dieciocho meses de edad; en aquellos en que pesa más la ascendencia del lobo, se presenta hacia los seis meses.*

2º) Casos en que se utiliza indebidamente la coma:

Uns und die beiden Koffer verstauten wir in einen Schlitten. *Tauwetter war an diesem Tage eingetreten, es war warm.*

(Walter Benjamin, *Moskauer Tagebuch...*, p. 17)

Nos acoplamos, con las dos maletas, en un trineo. *Era un día de deshielo y no hacía frío.*

(Walter Benjamin, *Diario de Moscú...*, p. 13)

El énfasis del original alemán se ha desplazado aquí a otro elemento de la oración por causa de las comas: *con las dos maletas* adquiere un protagonismo insólito. Para mantener el equilibrio entre las partes deben desaparecer las comas: *Nos acoplamos con las dos maletas en un trineo...*, o mejor: *Nos colocamos con las dos maletas en un trineo...*

Ende der sechziger Jahre erkannten europäische Solar- Astronomen, daß *die zukünftige Entwicklung der Sonnenforschung durch die atmosphärischen und beobachtungstechnischen Bedingungen der bestehenden Observatorien ernsthaft beschränkt sein würde.*

A finales de los años sesenta los astrónomos europeos habían llegado a la conclusión, que *el desarrollo de la física solar se vería seriamente limitado por las condiciones atmosféricas y técnicas de los observatorios existentes.*

(*20 años de cooperación hispano-alemana...*, p. 35)

Salta ha la vista que se ha transportado la coma, que en alemán precede obligatoriamente al *daß*, al texto castellano. En estos casos nuestra lengua no admite nunca coma: *...los astrónomos europeos habían llegado a la conclusión de que el desarrollo...*

Eines der schönsten Kakaduspiele, das an schöpferischer Erfindungsgabe und Sachbezogenheit geradezu an Affen und Menschenkinder erinnert, entstand aus der heißen Liebe des Vogels zu meiner Mutter, die, solange sie sich im sommerlichen Garten aufhielt, ununterbrochen strickte. Der Kakadu schien völlige Einsicht in die Mechanik des Knäuels und in die Verwendbarkeit der Wolle zu besitzen. Immer faßte er das freie Ende des Wollfadens mit dem Schnabel und flog dann kraftvoll in den Luftraum hinaus, hinter sich den Knäuel entrollend.

(Konrad Lorenz, *Er redete mit dem Vieh...*, p. 145)

Una de las aventuras más graciosas de esta cacatúa, que por su inventiva y habilidad recordaba a los monos e incluso a los niños, tuvo su origen en el gran afecto que el ave tomó a mi madre, que, mientras estaba en el jardín continuamente hacía calceta. Al parecer, la cacatúa había llegado a comprender perfectamente la mecánica del ovillo y la utilidad de la lana. Siempre cogía con el pico el extremo del hilo, y emprendía vigorosamente el vuelo, desenrollando tras sí el ovillo.

(Konrad Lorenz, *Hablaba con las bestias...*, p. 237)

La coma y la conjunción *y*, detrás de *hilo*, son incompatibles, porque esta conjunción une aquí elementos de la misma serie, en este caso, secuencias oracionales: *...Siempre cogía con el pico el extremo del hilo y emprendía vigorosamente el vuelo, desenrollando...*

Seit 1985, nach Abschluß der Versuchsreihen zur Elektrizitätser-
zeugung, steht die PSA im Dienst einer *langfristigen technisch-
wissenschaftlichen Forschung und Entwicklung solarer Tech-
nologien, mit denen Elemente einer künftigen Energieinfrastruk-
tur untersucht werden.*

Desde 1985, concretamente, desde la finalización de una serie de
pruebas para la producción de electricidad, la PSA se ocupa de *una
investigación técnico-científica a largo plazo y del desarrollo de
tecnologías solares, con lo que se investigan nuevos sectores de una
futura infraestructura energética.*

(*20 años de cooperación hispano-alemana...*, p. 18)

La aposición abarca desde *concretamente* hasta *electricidad*, por tanto
las comas deben indicarla debidamente: antes de *concretamente* y después de *electricidad*. Con la coma sólo después de *concretamente* esta
palabra adquiere una relevancia que no debe tener: *Desde 1985, concretamente desde la finalización de una serie de pruebas para la producción
de electricidad, la PSA...*

Vor nicht viel weniger als einem halben Jahrhundert, 1932, als
man den hundertsten Todestag Goethes beging, in einem Deutschland, das *nichtsahnend am Rand seiner größten nationalen und
menschlichen Katastrophe stand...*

(Peter de Mendelssohn, *Der Schriftsteller als politischer
Bürger...*, p. 5)

Hace poco menos de medio siglo, en 1932, al celebrarse el centenario de la muerte de Goethe, en una Alemania al borde de *su mayor
catástrofe nacional y humana,* sin imaginarlo siquiera...

(Peter de Mendelssohn, *El literato ciudadano crítico...*, p. 5)

En el texto alemán, la coma es obligada: indica la terminación
de la proposición temporal que comienza con *als*. El traductor
español ha calcado directamente la coma alemana sin percatarse
de que la redacción castellana no la admite sin sufrir una alteración de significado: el uso de la coma hace pensar que el centenario

de la muerte de Goethe puede no haberse celebrado en Alemania, sino en otro lugar y a su vez *sin imaginarlo siquiera* queda desconectado de su contexto original, puesto que es Alemania la que en 1932 no imaginaba siquiera que estaba al borde de la mayor catástrofe nacional y humana de la que se habla en el texto. La versión castellana debiera decir: *...al celebrarse el centenario de la muerte de Goethe en una Alemania que ni siquiera intuía que estaba al borde de su mayor catástrofe nacional y humana...*

> *Solche Rechte können allerdings leicht ihren unpolitischen Charakter verlieren und hören damit auf, individualistische Freiheitsrechte zu sein.* Sie können dann auch nicht mehr dem Verteilungsprinzip entsprechen und verlieren *mit dem individualistisch-menschlichen Charakter auch die Absolutheit ihres Schutzes.*

> (Carl Schmitt, *Verfassungslehre...*, p. 165)

> *Tales derechos pueden, por lo demás, perder fácilmente su carácter apolítico, y, con ello, dejan de ser derechos individualistas de libertad.* Entonces no pueden tampoco corresponder ya al principio de distribución, y pierden, *con el carácter humano-individualista, lo absoluto de su protección.*

> (Carl Schmitt, *Teoría de la Constitución...*, p. 171)

La coma antes de las dos conjunciones copulativas, *y*, debe suprimirse, pues une proposiciones de una misma serie, sin que medie entre ellas una cesura que las justifique. Propongo la siguiente versión corrigiendo de paso dos perífrasis interrumpidas innecesariamente (véase al respecto el capítulo 3.6.): *Por lo demás, tales derechos pueden perder fácilmente su carácter apolítico y, con ello, dejan de ser... Entonces ya no pueden corresponder al principio de distribución y pierden...*

> *Der Kampf um die nationale Einheit beherrscht in der Tat die ganze politische und ideologische Entwicklung Deutschlands im 19. Jahrhundert.*

> (Georg Lukács, *Die Zerstörung der Vernunft...*, Bd.I, p. 44)

La lucha por la unidad nacional preside, en efecto, todo el desarro-
llo político e ideológico de Alemania, en el siglo XIX.

(Georg Lukács, *El asalto a la razón...*, p. 36)

La coma detrás de *Alemania* no tiene razón de ser. Hay que eliminarla.

Der ganze Zauber der Kindheit hängt für mich auch heute noch an
einem solchen Käscher, der beileibe nicht ein tadelloses Instrument
mit Messingbügel und Müllergazebespannung sein darf, vielmehr
verlangt die Tradition, daß man ihn binnen zehn Minuten selbst
bastelt: aus roh gebogenem Draht den Bügel, den Beutel aus einem
Strumpf, Vorhangstück oder einer Windel. Mit einem solchen
Gerät habe ich mit neun Jahren die ersten Daphnien für meine
Fische gefangen und dabei die kleine Wunderwelt des Süßwasser-
tümpels entdeckt, die mich sofort in ihren Bahn schlug. Der
Käscher hatte die Lupe im Gefolge, diese wiederum ein beschei-
denes Mikroskop, und damit war mein Schicksal unwandelbar
bestimmt. Denn wer die Schönheit angeschaut mit Augen ist nicht
dem Tod anheimgegeben, *wie Platen meint, wohl aber, so er die*
Schönheit der Natur angeschaut, dieser Natur.

(Konrad Lorenz, *Er redete mit dem Vieh...*, p. 19)

Todo el encanto de la niñez pende para mí, todavía hoy, de una de
estas redes, que no es necesario que sea un instrumento impecable
con el aro de latín y la red de seda de cerner, sino más bien algo que
se improvisa en diez minutos: un marco hecho con un trozo de
alambre curvado, y la bolsa, confeccionada con una media, un trozo
de cortina o unos pañales. A los nueve años de edad pesqué con uno
de estos aparejos las primeras dafnias para mis peces, y con ello
descubrí las maravillas del pequeño mundo de las charcas de agua
dulce, que inmediatamente me sedujo y apasionó. La redecilla fue
seguida por la lupa; la lupa, por un modesto microscopio, y, con ello,
mi destino quedó irremediablemente sellado. Puesto que el que
contempla con sus ojos la belleza, no es ya tributario de la muerte,
como dice Platen, sino de la Naturaleza, cuya belleza ha compren-
dido.

(Konrad Lorenz, *Hablaba con las bestias...*, pp. 29-30)

El autor nos refiere con profusión de detalles las maravillosas razones que le impulsaron a dedicar su vida al estudio de la naturaleza. Las líneas que yo he destacado vienen a ser una conclusión de todo lo que antecede, por lo que, en mi opinión, el texto castellano respeta más el sentido si colocamos los signos de puntuación del modo siguiente: ... *A la redecilla le siguió la lupa; a la lupa, un modesto microscopio. Y, con ello, mi destino quedó irremediablemente sellado, puesto que el que contempla con sus ojos la belleza, no es ya tributario de la muerte...*

La coma, en lugar del punto que precede a la conjunción causal *puesto que*, expresa mejor las relaciones de causa-consecuencia entre las oraciones. Obsérvese además que la sustitución de las dos construcciones pasivas por las correspondientes activas, que en este caso no se producen por contagio del texto original, dan más soltura a la redacción castellana.

3.7.2. *Otros signos de puntuación: el guión largo y los dos puntos*

a) El guión largo

Este signo —también llamado *guión largo, guión mayor, signo menos* o *raya*— marca un grado algo mayor de separación que el de las comas. Quien escribe intercala una información que quiere destacar especialmente. Aunque no siempre resulta fácil establecer una diferencia clara entre el uso de las comas y el de los guiones, podemos decir a efectos prácticos que existe una gradación de menor a mayor en la intensidad de la cesura, según se utilicen las comas, los guiones largos o los paréntesis. Es importantísimo no olvidar que su uso es diferente en alemán y que, por lo tanto, no podemos trasladarlo mecánicamente a nuestra traducción. Por otro lado, debemos hacer uso de este signo, cuando le convenga al texto traducido, aunque el original alemán utilice otro:

Hätte nicht er selber, der aus einem kultivierten Bürgerhause der kleinen Stadt Calw im Schwarzwald stammte, *an die Bildungswelt des neunzehnten Jahrhunderts so innig geglaubt, hätte die Krise, die 1916 sein Lebensgefüge zerbrach, ihn nicht so heftig erschüttert.*

(Karl August Horst, *Strukturen und Strömungen*..., p. 12)

Si él mismo, que procedía de una culta familia burguesa de la pequeña ciudad de Calw en la Selva Negra, si él no hubiera *creído tan firmemente en el mundo cultural del siglo xix, la crisis que destruyó en 1916 las estructuras de su vida no le hubiera conmovido tan violentamente.*

(Karl August Horst, *Caracteres y tendencias*..., p. 12)

No siempre resulta claro decidir si la utilización de las comas es preferible a la de los guiones largos. Sin embargo, estos últimos son recomendables cuando el inciso supone una explicación o aclaración larga al texto principal. En el ejemplo de arriba, la longitud de la cesura obliga al traductor a repetir parte de la oración para retomar el hilo, lo cual no hubiera sido necesario si hubiera empleado guiones largos en vez de comas, por ejemplo como sigue: *Si él mismo* —que procedía de una culta familia burguesa de la pequeña ciudad de Calw en la Selva Negra— *no hubiera creído tan firmemente en el mundo cultural del siglo xix, la crisis que destrozó en 1916 los cimientos de su vida no le hubiera golpeado tan violentamente.*

Gerade um die Zeit, als Westeuropa, obwohl auch die dortigen Klassenkämpfe unter religiösen Losungen ausgefochten wurden, resolut den Weg zum Kapitalismus, zur ökonomischen Fundamentierung und zur ideologischen Entfaltung der bürgerlichen Gesellschaft einschlägt, *bleibt in Deutschland alles Miserable an den Formen des Übergangs vom Mittelalter zur Neuzeit aufbewahrt.*

(Georg Lukács, *Die Zerstörung der Vernunft*..., Bd.I, p. 38)

Precisamente por los años en que la Europa occidental, aunque también allí las luchas de clases se ventilaran bajo consignas religiosas, abrazaba resueltamente el camino del capitalismo, de la fundamentación económica y del despliegue ideológico de la sociedad burguesa, *vemos cómo en Alemania se mantiene en pie todo lo que hay de miserable en las formas de transición de la Edad Media a la época moderna.*

(Georg Lukács, *El asalto a la razón*..., p. 30)

Como en el ejemplo anterior, también en este caso el autor introduce una extensa aclaración al texto principal que no impediría la fluidez de la lectura si fuera acompañada de guiones largos: *...por los años en que la Europa occidental —aunque también allí las luchas de clases se ventilaran bajo consignas religiosas— abrazaba resueltamente el camino del capitalismo, de la cimentación económica y del despliegue ideológico de la sociedad burguesa...*

Der Souverän kann, wenn Zeit, Ort und individuelle Besonderheiten es erfordern, Gesetze ändern *und durchbrechen.*

(Carl Schmitt, *Verfassungslehre*..., p. 49)

El soberano puede, cuando lo exijan tiempo, lugar y singularidades concretas, cambiar *y quebrantar leyes.*

(Carl Schmitt, *Teoría de la Constitución*..., p. 70)

Conviene sustituir las comas destacadas por guiones largos, ya que se trata de una puntualización importante, que además contiene una enumeración, cuyos elementos ya van separados por una coma. Los signos de puntuación deberían distribuirse entonces como sigue: *El soberano puede —cuando lo exijan tiempo, lugar y singularidades concretas— cambiar y quebrantar las leyes.*

El uso de guiones largos, en vez de las comas, hace menos incómoda la interrupción de la perífrasis, puesto que el guión indica inmediatamente que se trata de un inciso. Si, de todos modos, preferimos evitar la interrupción podemos escribir: *Cuando lo exijan tiempo, lugar y singularidades concretas, el soberano puede cambiar y quebrantar leyes.*

b) Los dos puntos

Este signo en castellano nunca equivale a la coma ni al punto y coma. Una de sus características es la estrecha relación que existe entre lo que precede y sigue a los dos puntos. Esta relación no es sólo semántica, como en el caso del punto y coma, sino, sobre todo, sintáctica.

Al traducir es fácil no prestar especial atención a lo que parece no requerirla, por lo que a veces lo menos problemático puede ser el punto débil del texto. Veamos los siguientes ejemplos:

(Hier trage ich die Gechichte von Tollers Moskauer Aufenthalt nach, die ich am ersten Tage zu hören bekam. Er wurde mit unglaublichem Aufwand empfangen. Schilder *kündigen in der ganzen Stadt sein Kommen an...*

(Walter Benjamin, *Moskauer Tagebuch...*, p. 21)

(Aquí referiré la historia de la estancia de Toller en Moscú, que me contaron el primer día. Fue recibido con increíbles preparativos. Por toda la ciudad *hay carteles anunciando su llegada...*

(Walter Benjamin, *Diario de Moscú...*, p. 18)

El autor anuncia un relato que se dispone a narrar. En castellano serían preferibles los dos puntos: *Aquí referiré la historia de la estancia de Toller en Moscú, que me contaron el primer día: Por toda la ciudad...*

Ich war immerfort in Schande, entweder befolgte ich Deine Befehle, das war Schande, denn sie galten ja nur für mich; oder ich war trotzig, das war auch Schande, denn wie durfte ich Dir gegenüber trotzig sein...

(Franz Kafka, *Brief an den Vater...*, p. 18)

Vivía continuamente avergonzado; o cumplía tus órdenes, lo cual era una vergüenza, puesto que sólo tenían validez para mí; o me mostraba desobediente, lo que también era una vergüenza, porque, ¿cómo osaba resistirme a ti?...

(Franz Kafka, *Carta al padre...*, p. 19)

La coma alemana se ha traducido al castellano por punto y coma, pero aquí debiera indicarse con el correspondiente signo de puntuación la relación sintáctico-semántica de causa que el contexto exige. Lo que sigue a continuación del enunciado *vivía continuamente avergonzado* es una explicación de lo que se acaba de afirmar. Si queremos señalar la relación causal sin que aparezca el nexo conjuntivo, en castellano conviene usar los dos puntos: *Vivía continuamente avergonzado: o cumplía tus órdenes, lo cual era una vergüenza, puesto que sólo tenían validez para mí, o me mostraba desobediente, lo que también era una vergüenza...*

> *Seit dem 17. Jahrhundert wurde die Frage erörtet, ob dieses merkwürdige Konglomerat eine M i s c h u n g von Staatsformen ... oder ein S y s t e m vom Staaten, d. h. ein föderalistisches Gebilde sei.* Die einzig mögliche, intellektuell ehrliche Antwort hat Pufendorf gegeben *(in der berühmten Schrift «De Statu Imperii Germanici», veröffentlicht unter dem Namen «Severinus de Monzambano», 1667 Kap. VI & 9, Ausgabe von Fritz Salomon, 1910 S. 126):* daß dieses Gebilde eine Abnormität und einem «Monstrum» ähnlich sei.

(Carl Schmitt, Verfassungslehre..., p. 47)

> *Desde el siglo XVII se ha discutido la cuestión de si este notable conglomerado era una m e z c l a de formas de gobierno... o un s i s t e m a de Estados, es decir, una formación federalista.* La única respuesta posible, intelectualmente honesta, la dio Pufendorf *(en el célebre escrito «De Statu Imperii Germanici», publicado bajo el nombre de «Severinus de Monzambano», 1667, cap. VI, & 9, ed. de Fritz Salomon, 1910, pág. 126),* que esta formación es una anormalidad y semejante a un monstruo.

(Carl Schmitt, Teoría de la Constitución..., p. 69)

Conviene sustituir la coma que sigue al último paréntesis por los dos puntos. En castellano, debemos usar este signo de puntuación cuando anunciamos algo que viene después en el contexto. Este es precisamente el caso del ejemplo, aunque se produzca la interrupción del paréntesis: *...La única respuesta posible, intelectualmente honesta, la dio Pufendorf...: que esta formación es deforme y monstruosa.*

Dice Karl August Horst refiriéndose a la experiencia estética en relación con la literatura del cambio de siglo:

> Der Erlebnisrhythmus, den ich hier in einem Bild skizziere, ist der Lyrik in dem Zeitraum, von dem wir handeln, eingeschrieben. Der ästhetische Zug ist unverkennbar. *Er prägt die ersten Gedichtbände von S t e f a n   G e o r g e,* er verleiht den Gedichten und kleinen Dramen von H u g o   v o n   H o f m a n n s t h a l den Schmelz unberührbarer Kostbarkeit. Er bildet die Kontur *der Gebärde, mit der R i l k e s Empfänglichkeit die Dinge umfaßt.*

(Karl August Horst, Strukturen..., p. 56)

El ritmo de la experiencia que esquematizo aquí en una imagen está inscrito en la poesía lírica en el período de tiempo del que tratamos. El carácter estético es evidente. *Acuña los primeros libros de poemas de S t e f a n   G e o r g e,* da el esmalte de una delicada exquisitez a los poemas y breves dramas de H u g o   v o n H o f m a n n s t h a l. Traza el contorno *de los gestos con que la sensibilidad de R i l k e capta las cosas.*

(Karl August Horst, Caracteres..., p. 56)

El ejemplo ilustra un caso de claro contagio de los signos de puntuación del texto alemán por el mecánico calco que el traductor hace tres veces del punto donde debiera ir punto y coma, dos puntos y finalmente coma. La relación semántica existente entre la primera oración y la segunda es demasiado fuerte para ir separada por un punto. En realidad, se trata de otra manera de formular lo que ya se ha dicho en la primera oración, completándolo. El caso requiere un punto y coma o una coma, de modo que el texto, a mi entender, hubiera debido puntuarse así: *El ritmo de la experiencia que esquematizo aquí en una imagen está inscrito en la poesía lírica en el período de tiempo del que tratamos; el carácter estético es evidente...*

El segundo punto debiera sustituirse por dos puntos, ya que se trata de poner un ejemplo de lo dicho anteriormente. Así debiéramos escribir: *...el carácter estético es evidente: acuña los primeros libros de poemas de...*

La tercera corrección debe ser la del último punto del texto traducido: habría que sustituirlo por una coma (o por la conjunción *y*), puesto que se trata de una enumeración —la de los lugares donde se pone en evidencia el carácter estético— que todavía no ha concluido. Así debiera haberse escrito: ...*acuña los primeros libros de poemas de* ..., *da el esmalte de una delicada exquisitez a los poemas y breves dramas de Hugo von Hofmannsthal, traza el contorno de los gestos con que la sensibilidad de Rilke...*

Gestern abend Café Savoy. Jüdische Gesellschaft. — Frau K. «Herrenimitatorin». Im Kaftan, kurzen schwarzen Hosen, weißen Strümpfen, *einem aus der schwarzen Weste steigenden dünnwolligen weißen Hemd, das vorn am Hals von einem Zwirnknopf gehalten ist und dann in einen breiten, losen, langauslaufenden Kragen umschlägt. Auf dem Kopf, das Frauenhaar umfassend...*

(Franz Kafka, *Tagebücher...*, p. 52)

Anoche, en el Café Savoy. Reunión de judíos. — La señora K., «imitadora de personajes masculinos». Con caftán, pantalón corto negro, medias blancas, *una camisa blanca, de lana fina, que sale del negro chaleco, abrochada en el pecho con un botón hecho de hebras de hilo, y que luego se abre formando un cuello ancho, holgado, de largas puntas. Sobre la cabeza, ciñéndole el pelo femenino...*

(Franz Kafka, *Diarios...*, pp. 71-72)

El guión largo, que entre otras funciones en alemán sirve para marcar una separación considerable entre bloques temáticos, no tiene este uso en castellano, por lo que habría que eliminarlo de la versión traducida: *Anoche, en el Café Savoy. Reunión de judíos. La señora K., «imitadora de personajes masculinos». Con caftán, pantalón corto negro, medias blancas...*

Sin embargo, los signos de puntuación pueden contribuir mucho más a facilitar la comprensión del texto castellano de lo que lo hacen en el ejemplo de arriba. Al tratarse de un diario, el estilo es lacónico, y a menudo se eliminan los verbos, lo cual a veces puede provocar malentendidos momentáneos. Cuando abordamos la lectura, sabemos que Kafka estuvo en el Café Savoy, donde había un encuentro de judíos, y que allí vio a la señora K., a la que llama *imitadora de personajes masculinos*, sin que imaginemos exactamente por qué. Pero al seguir leyendo, no sabemos si la descripción que Kafka hace de la vestimenta se refiere a la de la señora K., o a la suya propia, necesaria para algún ritual de la reunión. Hasta más adelante no se elimina nuestra duda cuando el autor del diario alude por fin al *pelo fememino*. Esta larga espera se le puede ahorrar al lector sustituyendo el punto por los dos puntos: *Anoche, en el Café Savoy. Reunión de judíos. La señora K., «imitadora de personajes masculinos»: con caftán, pantalón corto negro...* y el estilo mejoraría aún más si no se siguiera tan de cerca la puntuación del original: *Anoche, reunión de judíos en el Café Savoy. La señora K., «imitadora de personajes masculinos»: caftán, pantalón corto negro...*

Capítulo cuarto

La traducción de lo imposible: locuciones y lenguaje figurado

4.1. Locuciones y refranes. El tratamiento de las piezas fijas

Al tratarse de formas fijas que se insertan en el lenguaje como una pieza única, las locuciones del texto original plantean en traducción el problema de buscar en la lengua terminal una correspondencia que en general poco tiene que ver con las unidades léxicas que constituyen las piezas de aquella. Estamos ante un uso fijo del lenguaje que nos obliga a desentendernos por completo de su manifestación formal y a quedarnos únicamente con el sentido. Así expresiones del tipo *zwei Fliegen mit einer Klappe schlagen, eine Engelsgeduld haben / brauchen, die Gelegenheit beim Schopfe packen*, etc. no deben traducirse al pie de la letra, sino de modo que el sentido quede intacto. Así diremos en castellano *matar dos pájaros de un tiro* (y no *matar dos moscas de una vez*), *tener la paciencia de un santo* (y no *de ángel*) y *aprovechar la oportunidad* o similar, según el contexto (y no *coger la oportunidad por el moño / por los pelos*). A menudo puede que la correspondencia en la lengua terminal sea otra locución, pero no siempre tiene que serlo obligatoriamente:

a) Casos de equivalencia en las locuciones:

Eine tolle Idee! Wir schlagen *so* zwei Fliegen mit einer Klappe.
¡Es una idea magnífica! Así mataremos dos pájaros de un tiro.

Um diese Sprache zu lernen, braucht *man* eine Engelsgeduld.
Para aprender este idioma hace falta la paciencia de un santo.

Da Sie schon nach Sevilla fahren, lassen Sie es sich nicht entgehen, Itálica zu besuchen. Man muß die Gelegenheit beim Schopfe packen.

Ya que irá usted a Sevilla, aprovéchelo para visitar Itálica. La ocasión la pintan calva.

b) En la lengua original puede utilizarse una locución sin necesidad de que la terminal emplee una fórmula fija:

Mach dir nichts daraus. *Es ist wirklich nicht so schlimm!*
No te preocupes, *la cosa no es tan grave.*

Mein Schwager hat einen sehr unangenehmen Charakter. Es ist mit ihm nicht gut Kirschen essen.
Mi cuñado tiene muy mal carácter; no me gustaría tener que enfrentarme con él (o: no me gustaría tener que vérmelas con él).

Jetzt hat dieser Mensch schon zum zweiten Mal alles Geld verloren, das er bei sich trug, aber er wird nie klug.
Ya van dos veces que este hombre pierde todo el dinero que llevaba encima, pero no escarmienta nunca.

c) En la lengua terminal puede utilizarse una locución sin necesidad de que el original haga uso de este tipo de expresión:

Dieser Karl ist schrecklich. Er guckt sich alle hübschen Frauen gern an.
Este Carlos es tremendo: se le van los ojos por todas las mujeres.

Dieses Bürschchen! Die ganze Nacht hat er mit seinem Mädchen geplaudert.
¡Vaya con el mocito! Toda la noche pelando la pava.

Dieser Mann mag noch so starrköpfig sein, er wird schon bald seinen Irrtum einsehen.
Por terco que sea este hombre, no tardará en caer del burro.

El mismo problema plantean los dichos y los refranes:

Mein Chef hat gesagt, daß er mich entlassen wird. —Ach was! Es wird nichts so heiß gegessen wie es gekocht wird.
—Mi jefe ha dicho que me va a despedir. —¡Bah! Del dicho al hecho hay un gran trecho.

Mir geht die Geduld aus. *Hoffen und Harren macht manchen zum Narren.*
Se me está acabando la paciencia: quien espera desespera.

Du solltest nicht ungeduldig werden. Lernen braucht Zeit. Es ist kein Meister vom Himmel gefallen.
Debes tener paciencia. Para aprender se necesita tiempo. Nadie nace sabiendo.

Veamos algunos ejemplos de traducciones publicadas:

Du muntertest mich zum Beispiel auf, wenn ich gut salutierte und marschierte, aber ich war kein künftiger Soldat, oder Du muntertest mich auf, wenn ich kräftig essen oder sogar Bier dazu trinken konnte, oder wenn ich unverstandene Lieder nachsingen oder Deine Lieblingsredensarten Dir nachplappern konnte...

(Franz Kafka, *Brief an den Vater...*, pp. 11-12)

Me animabas, por ejemplo, cuando saludaba o desfilaba correcta-mente, pero yo no estaba hecho para ser soldado, o bien me animabas si comía con buen apetito o era capaz de beber cerveza, o si podía cantar canciones que no entendía o remedaba sin ton ni son *tus expresiones favoritas...*

(Franz Kafka, *Carta al padre...*, p. 13)

La locución castellana *sin ton ni son* casa muy bien con el registro del texto original, pero no reproduce adecuadamente el significado. Con las locuciones, a veces es difícil medir bien el contexto y a menudo se nos cuela una por otra. *Sin ton ni son* quiere decir *sin nada que lo justifique, injustificado,* mientras que el verbo alemán *nachplappern* hace referencia a la reproducción mecánica, irreflexiva, de palabras. Así propongo esta otra versión:
... o si podía cantar canciones que no entendía o te recitaba como un papagayo tus expresiones favoritas.

Die Verhältnisse der politischen Flüchtlinge sind in der Schweiz keineswegs so schlecht, als man sich einbildet; die strengen Maßregeln erstrecken sich *nur* auf *diejenigen, welche durch ihre fortgesetzten Tollheiten die Schweiz in die unangenehmsten Verhältnisse mit dem Auslande gebracht und schon beinahe in einen Krieg mit demselben verwickelt haben.*

(Georg Büchner, *Werke und Briefe...*, p. 267)

La situación de los refugiados políticos en Suiza no es tan mala como piensa la gente; medidas rigurosas sólo se imponen a quienes, con sus continuas locuras, han puesto a Suiza en la más desagradable de las situaciones frente al extranjero y al borde de una guerra...

(Georg Büchner, *Cartas...*, p. 245)

En castellano diríamos *tomar medidas contra alguien o algo*, pero no *imponer medidas a alguien*. Probablemente se ha producido un cruce, provocado por el contexto, entre *tomar medidas* e *imponer un castigo*. Habrá que corregir: *La situación de los refugiados políticos en Suiza no es tan mala como piensa la gente; medidas rigurosas sólo se toman contra quienes...*

Vor einer Reihe von Jahren fiel mir bei einem Antiquar ein Buch in die Hände, das ich auf der Stelle erwarb und...

(Karl August Horst, *Strukturen und Strömungen...*, p. 9)

Hace ya de esto muchos años en casa de un anticuario me cayó en las manos un libro que adquirí en seguida y que...

(Karl August Horst, *Caracteres y tendencias...*, p. 9)

Es fácil caer en la trampa de la traducción idéntica cuando las expresiones en ambas lenguas son tan parecidas. Conviene en estos casos tener especial cuidado, pues es mayor el peligro de que la diferencia nos pase desapercibida: *...en casa de un anticuario cayó en mis manos un libro...*

Sie starb von eigener Hand, durch den Dolch, den sie ständig bei sich trug.

(*Kultur Chronik...*, 3/1992, p. 14)

Murió por propia mano, *con el puñal que siempre llevaba consigo.*

(*Kultur Chronik...*, 3/1992, p. 14)

El calco textual del alemán es evidente. La traducción debe ser libre o recurrir a una locución genuinamente castellana: *Se quitó la vida con el puñal...*

Dabei verbindet er oft auch alttestamentarische Motive mit jüngerer Geschichte. Lots Frau zum Beispiel verwandelt sich ... zur Salzsäule, weil sie den Blick zurück in die nationalsozialistische Vergangenheit nicht ertragen kann. Der Schmerz bringt sie um. Um nichts in der Welt *allerdings möchte Kiefer festgelegt werden.*

A menudo combina motivos del Antiguo Testamento con la historia reciente. La mujer de Lot por ejemplo ... se transforma en una estatua de sal porque no puede soportar la visión del pasado nacionalsocialista. El dolor la mata. Pero Anselm Kiefer no acepta por ningún motivo una etiqueta.

(*Scala*, 2/abril-mayo de 1991, p. 37)

Probablemente se ha producido un cruce entre varias expresiones. En castellano no diríamos *por ningún motivo*, y aunque disponemos de una locución casi literal en nuestra lengua: *por nada del mundo*, propongo otra versión que casa mejor con el contexto: *...Pero Anselm Kiefer no admite de ninguna manera que le coloquen una etiqueta*; o bien: *...no admite por ningún concepto que...*

...daß die Dichtung wie die Kunst überhaupt eine eigene Wahrheit hätten, eine Wahrheit außer Vergleich *mit jeder auf wissenschaftlichem Wege gewonnenen Wahrheit.*

(Karl August Horst, *Strukturen und Strömungen...*, p. 54)

...que la poesía, como todo el arte, tiene una verdad propia, una verdad fuera de comparación *con cualquier otra verdad lograda por el camino científico.*

(Karl August Horst, *Caracteres y tendencias...*, p. 54)

El texto castellano delata la expresión alemana *außer Vergleich* hasta tal punto que, aunque no tuviéramos delante el original, sabríamos exactamente de qué expresión se trata. Propongo buscar una alternativa bien diferente: ... *una verdad que no puede compararse con...*

> *In den Jahren 1984 und 1985 wurde* im Rahmen des «*Umweltprogramms der Vereinten Nationen*» *in einem Forschungsvorhaben des Umweltbundesamtes, in Kooperation mit dem spanischen Wetterdienst die Basis-Meßstation Izaña eingerichtet.*

> *En los años 1984 y 1985, dentro del marco del «Programa Ambiental de las Naciones Unidas», se instaló la estación de medidas de base de Izaña dentro de un proyecto de investigación del Umweltbundesamt (Servicio Federal del Medio Ambiente), en cooperación con el Instituto Meteorológico Español.*

> (*20 años de cooperación hispano-alemana...*, p. 24)

En *el marco de* es en castellano una locución prepositiva, una expresión fija. No acostumbramos a decir **dentro** *del marco de*. Así pues hay que sustituirla.

> *Es liegt schwer auf mir, wenn ich mir Darmstadt vorstelle; ich sehe unser Haus und den Garten und dann unwillkürlich das abscheuliche Arresthaus. Die Unglücklichen! Wie wird das enden? Wohl wie in Frankfurt, wo Einer nach dem Andern stirbt und in der Stille begraben wird.*

> (Georg Büchner, *Werke und Briefe...*, p. 271)

> *Me produce gran angustia pensar en Darmstadt; veo nuestra casa y el jardín y luego, involuntariamente, esa horrible prisión; ¡pobres desgraciados! ¿Cómo acabará todo esto? Seguramente como en Francfort, donde uno a uno van muriendo y se les va enterrando sigilosamente.*

> (Georg Büchner, *Cartas...*, p. 249)

Uno a uno no se corresponde con la expresión alemana *einer nach dem anderen*: la castellana es sinónima de *uno por uno*, de *uno en uno* (en el sentido de *cada vez uno solo*). Sin embargo, en este caso, en castellano podemos traducir al pie de la letra *uno tras otro*, una traducción literal, para expresar, como en alemán, la sucesión de los elementos hasta agotar la totalidad. En ocasiones, los traductores, conscientes del magnetismo que ejerce sobre nosotros el texto de la lengua original, nos obligamos a distanciarnos de éste incluso en los casos en que nuestra lengua y la de partida coinciden. Así en el ejemplo de arriba hubiera debido traducirse: *...¿Cómo acabará todo esto? Seguramente como en Francfort, donde uno tras otro van muriendo y...*

Er ... war zu Anfang des Kriegs in die Schweiz übergesiedelt. Von dort aus erhob er seine mahnende Stimme, die jedoch nur von wenigen verstanden, geschweige denn beherzigt wurde. Daß der Geist seinen Stolz und seine Unabhängigkeit so leichtfertig preisgegeben und sich von einem Augenblick zum anderen der Macht unterworfen und der Gewalt in die Arme gestürzt hatte, war in seinen Aufsätzen der immer wiederkehrende Vorwurf.

(Karl August Horst, *Strukturen und Strömungen...*, p. 12)

...al principio de la guerra se trasladó a Suiza. Desde allí elevó su voz exhortadora, que sólo muy pocos entendieron y aún menos tomaron en consideración. El reproche siempre repetido en sus artículos fue el de que el espíritu había abandonado irreflexivamente el orgullo y la independencia y que de un día al otro se había sometido al poder y se había echado en brazos de la violencia.

(Karl August Horst, *Caracteres y tendencias...*, p. 12)

La traducción es casi literal y acaba por engendrar un producto híbrido y de significado distinto al que exige el texto alemán: *de un día a otro* se emplea para anunciar un suceso que se espera como inminente, como en el enunciado *llegará de un día a otro* en el sentido de que *está por llegar*, *está a punto de llegar*; en cambio, el texto alemán hace referencia a algo que ha ocurrido muy rápidamente, sin que apenas hayamos podido percatarnos. Propongo corregir la traducción como sigue: *...que el espíritu había abandonado irreflexivamente el orgullo y la independencia y que de la noche a la mañana se había sometido al poder...*

*Was sagt man zu der Verurteilung von Schulz? - Mich wundert es
nicht,* es riecht nach Kommißbrot.

(Georg Büchner, *Werke und Briefe...*, p. 260)

¿Qué se dice de la condena de Schulz? A mí no me asombra, eso
huele a pan de rancho.

(Georg Büchner, *Cartas...*, p. 238)

¿Oler a pan de rancho? Parece una traducción textual. En
castellano se diría *oler mal,* en el sentido de *inspirar desconfianza*:
A mí no me asombra, eso huele mal. O bien esta otra versión: *...el
asunto huele mal.*

*Der Begriff des G e m e i n e n R e c h t s ... kennzeichnet zugleich
eine für die Entwicklung der kontinentalen Rechte zentrale Epoche...
Als u n i v e r s e l l e s, da die Gesamtheit gemeinsamer Rechtsideen
begreifendes R e c h t, tritt es in Gegensatz zu den sogenannten
P a r t i k u l a r - r e c h t e n ...*

(Hans Schlosser, *Grundzüge der Neueren
Privatrechtsgeschichte...*, p. 2)

*El concepto de d e r e c h o c o m ú n ... significa a la vez, para el
desarrollo del derecho continental, su época central ... Como d e-
r e c h o u n i v e r s a l , comprende la totalidad de las ideas
fundamentales del d e r e c h o y está en antítesis con los llamados
d e r e c h o s p a r t i c u l a r e s...*

(Hans Schlosser, *Perfiles de la nueva historia del Derecho...*,
p. 10)

Es evidente que se trata de un caso de traducción textual de la
locución alemana. Conviene olvidar la forma y quedarse con el
fondo: *...comprende la totalidad de las ideas fundamentales del
d e r e c h o y se opone a los llamados...*
Veamos ahora algunos dichos, proverbios o refranes:

«Das arme Kind. Sie hat Sehnsucht.»
«Ja», sagte Briest, «sie hat Sehnsucht. Diese verwünschte Reiserei...»
«Warum sagst du das jetzt? Du hättest es ja hindern können.Aber
das ist so deine Art, hinterher den Weisen zu spielen. Wenn das
Kind in den Brunnen gefallen ist, decken die Ratsherren den
Brunnen zu.»*

(Theodor Fontane, Effi Briest..., pp. 42-43)

—*La pobre criatura siente añoranza.*
—*Sí —dijo Briest— siente añoranza. ¡Esta maldita manía de*
viajar!
—*¿Por qué dices eso ahora? Podrías haberlo impedido, eso desde*
luego. Pero he ahí tu manera de proceder: te las das de listo después
de que las cosas hayan sucedido. Cuando el niño se cae al pozo los
ediles tapan el brocal.

(Theodor Fontane, Effi Briest..., p. 60)

La traducción textual permite entender lo que la señora Briest
le está recriminando a su marido gracias a la redundancia del
contexto que asegura con creces la comprensión, puesto que la
misma esposa se encarga de aclararlo: *te las das de listo después
de que las cosas hayan sucedido*, esto es, en opinión de la mujer, su
marido actúa siempre demasiado tarde, cuando ya no hay remedio. Tratándose de una novela, es importante mantener el golpe de
efecto que supone introducir un dicho en el texto; mucho más
cuanto que el autor hace uso de ellos con cierta frecuencia, como
recurso estilístico. Pero hay que buscar en la lengua terminal un
refrán que recoja la misma *filosofía: ... te las das de listo después
de que las cosas hayan sucedido, no te acuerdas de Santa Bárbara
hasta que truena.*
Lo mismo ha ocurrido en este otro pasaje:

«Mama kann es nicht leiden, wenn die Schlussen so überall liegen,
und sagt immer, man könne dabei ausgleiten und ein Bein brechen.»
«Glaub' ich nicht», sagte Hertha, während sie den Stachelbeeren
heilig zusprach.
«Ich auch nicht», bestätigte Effi. «Denkt dochmal nach, ich falle
jeden Tag wenigstens zwei-, dreimal, und noch ist mir nichts

gebrochen. Was ein richtiges Bein ist, das bricht nicht so leicht, meines gewiß nicht, und deines auch nicht, Hertha. Was meinst du Hulda?»
«Man soll sein Schicksal nicht versuchen; Hochmut kommt vor dem Fall.»

(Theodor Fontane, *Effi Briest*..., p. 9)

...Mamá no soporta que se queden por ahí tiradas las mondas y siempre está diciendo que alguien puede resbalar y romperse una pierna.
—No creo —dijo Hertha mientras se aplicaba a comer uvas.
—Tampoco yo —aseguró Effi.
—Fijaos lo que os digo: yo me caigo todos los días por lo menos dos o tres veces y todavía no me he roto nada. Una pierna como es debido no se rompe así como así, la mía desde luego que no y la tuya tampoco, Hertha. ¿Qué opinas tú, Hulda?
—Que no hay que tentar al Destino: la soberbia precede a la caída.

(Theodor Fontane, *Effi Briest*..., p. 23)

En castellano existen muchos refranes que previenen sobre la imprudencia de exponerse a los peligros; sin embargo, no tantos que reproduzcan de modo similar la advertencia *Hochmut kommt vor dem Fall*. No obstante, está claro lo que Hulda quiere decir con los dos refranes. Cuando tenemos donde elegir, creo conveniente escoger aquel que mejor siga *la letra* del refrán de la lengua original, pero sólo si se ajusta completamente al sentido. Caso de no encontrar ninguno, prescindiremos totalmente de *la letra*; lo importante es que el dicho sea genuino.

En el caso del ejemplo que presento arriba, el sentido de *man soll sein Schicksal nicht versuchen* se refleja en muchos refranes españoles: *La prudencia es la madre de la ciencia / Más vale prevenir que lamentar / Quien anda con platos hace tiestos tarde o temprano / Quien el peligro ama, en él acaba / Huir del peligro es cordura, y no temerlo es locura / No hay que tentar a Dios*, entre otros muchos. De todos ellos es el último el que, con el mismo sentido, sigue más de cerca el texto alemán: recoge el campo semántico asociativo de la tentación (*versuchen* = *tentar*) y el del destino (*Schicksal* = *Dios*). En cambio, para el segundo refrán no conozco correspondencia castellana, pero creo que el pasaje en su conjunto admite bien la traducción siguiente: ... *¿Qué opinas tú, Hulda? —Que no hay que tentar a Dios; más vale prevenir que lamentar.*

4.2. El lenguaje metafórico

Cuando hablamos, y más aún cuando escribimos, manejamos las imágenes y el lenguaje figurado con mucha mayor frecuencia de la que somos conscientes; en realidad lo hacemos constantemente. Esta dimensión metafórica del lenguaje nos permite un abanico de opciones enormemente amplio a la hora de escoger las palabras más adecuadas en el sentido figurado que nos interesa en cada caso, pero precisamente por ello resulta también mucho más difícil dar con el léxico adecuado que encaje con elegancia en el contexto. A esta dificultad se suma en traducción el obstáculo que supone la presencia inmediata de la primera lengua que impide la libre y nueva cristalización de la idea:

> *Unter der haben nun Sophias Kinder zu leiden, die* zwischen Großmutter und Tante hin- und her geschoben *werden und die Mutter nun schon jahrelang nicht gesehen haben.*

> (Walter Benjamin, *Moskauer Tagebuch...*, p. 39)

> *Ahora la han de sufrir los hijos de Sofía, que son* traídos y llevados de las manos de la abuela a las de la tía, *y que hace ya años que no han visto a su madre.*

> (Walter Benjamin, *Diario de Moscú...*, p. 35)

La traducción tiende exageradamente al mimetismo. Es recomendable cambiar completamente la forma: *...los hijos de Sofía que andan de mano en mano: van de casa de la abuela a la de la tía, y que hace años...*

Die dritte Quelle dieses Traumes ist *die damals frische Erzählung einer Patientin von der psychischen Erkrankung ihres Bruders...*

(Sigmund Freud, *Die Traumdeutung...*, p. 425)

La tercera fuente de este sueño reside en *el relato que de la enfermedad de su hermano me había hecho pocos días antes una paciente mía.*

(Sigmund Freud, *La interpretación de los sueños...*, p. 19)

¿Puede *residir* una fuente? Propongo: *La tercera fuente de este sueño la constituye un relato que me había hecho pocos días antes una paciente mía.* O bien: *Este sueño se nutre de una tercera fuente: el relato que...*

Jedes neue Gesetz ist eine Systemveränderung. In den Parlamenten, den Legislativen, sitzen sie also: die Systemveränderer ... Herr Mitterand ist ein Systemveränderer, Herr Gonzales wird noch einer werden, Frau Thatcher ist eine Systemverändererin von erheblicher Wirkungs-, fast schon Hammerkraft ... Machen wir uns also nichts daraus, wenn uns dieses Wort angehängt *oder gar wie ein Mühlstein* um den Hals gehängt *wird.*

(Heinrich Böll, *Vorwort*, in: Petra Kelly, *Um Hoffnung kämpfen...*, p. 7)

Toda nueva ley implica una transformación del sistema. En los parlamentos, en los órganos legislativos los tenéis sentados: son los transformadores del sistema... El señor Mitterrand es un transformador del sistema; el señor González llegará a serlo; la señora Thatcher es una transformadora del sistema de notable eficacia, casi posee la fuerza de un martillo ... No nos preocupemos, pues, si nos cuelgan esta expresión *o si* nos la colocan al cuello *como una piedra de molino.*

(Heinrich Böll, *Prólogo*, en: Petra Kelly, *Luchar por la esperanza...*, p. 7)

No *colgamos* una expresión a alguien, sino un sambenito (*colgar/poner un sambenito*); por lo tanto, tampoco diríamos en sentido figurado que nos *colocan al cuello* una expresión, sino más bien que nos la *cuelgan del cuello*, sobre todo si se trata de compararlo con una piedra de molino. Así pues, propongo: *...No nos preocupemos, pues, si nos ponen este sambenito o si nos lo cuelgan del cuello como...*

> *Man kennt eine Gegend erst, wenn man sie in möglichst vielen Dimensionen erfahren hat. Auf einen Platz muß man von allen vier Himmelsrichtungen her getreten sein, um ihn inne zu haben, ja auch nach allen diesen Richtungen ihn verlassen zu haben.*

> (Walter Benjamin, *Moskauer Tagebuch...*, p. 36)

> *Un lugar no se conoce hasta no haberlo vivido en el mayor número posible de dimensiones. Para poseer un sitio hay que haber entrado en él desde los cuatro puntos cardinales, e incluso haberlo abandonado en esas mismas direcciones.*

> (Walter Benjamin, *Diario de Moscú...*, p. 32)

¿Es posible *poseer un sitio* o *un lugar*? Conviene conservar el sentido de *poseer* que tiene la expresión alemana, pero no debemos forzar el castellano. Propongo: *Para hacerse con un lugar hay que haber entrado en él...*

> *Dieser Traum baut sich auf einem Knäuel von Gedanken auf, die durch ein im Theater gesehenes Schauspiel ... angeregt wurden.*

> (Sigmund Freud, *Die Traumdeutung...*, p. 427)

> Este sueño se halla edificado sobre *una multitud de pensamientos que me sugirió la representación de una obra teatral...*

> (Sigmund Freud, *La interpretación de los sueños...*, p. 22)

Podemos quizá *construir* o hasta *edificar* un sueño, pero ¿puede un sueño *hallarse edificado*? Mejor: *Este sueño se basa en unos pensamientos... / Este sueño toma como punto de partida unas ideas que me sugirió...*

Alles, Schuhcreme, Bilderbücher, Schreibzeug, Kuchen und Brote, selbst Handtücher werden auf offener Straße verkauft, als herrsche *nicht Moskauer Winter mit 25º Frost, sondern* ein *neapolitanischer* Sommer.

(Walter Benjamin, *Moskauer Tagebuch...*, p. 47)

Crema de zapatos, libros ilustrados, objetos de escritorio, tartas y pan, incluso toallas, todo se vende en plena calle, como si en vez de un invierno moscovita de 25° bajo cero reinase un verano *napolitano*.

(Walter Benjamin, *Diario de Moscú...*, p. 47)

¿Puede un verano *reinar*? Salta a la vista que se trata de un calco exacto de la locución verbal alemana. *Herrschen* corresponde en muchos contextos al castellano *reinar*, pero no en todos. En castellano diríamos por ejemplo: *...como si en vez de un invierno moscovita de veinticinco grados bajo cero luciera un sol de verano napolitano.*

Eine genaue Bekanntschaft mit dem Treiben der deutschen Revolutionärs im Auslande hat mich überzeugt, daß auch von dieser Seite nicht das Geringste zu hoffen ist. Es herrscht unter ihnen eine babylonische Verwirrung, die nie gelöst werden wird.

(Georg Büchner, *Werke und Briefe...*, p. 269)

Ahora que tengo conocimiento exacto de las actividades de los revolucionarios alemanes en el extranjero, estoy convencido de que tampoco cabe esperar absolutamente nada por ese lado. Reina entre ellos una confusión *babilónica que nunca* se disipará.

(Georg Büchner, *Cartas...*, p. 247)

En sentido concreto, decimos de algo que *se disipa* cuando está en el aire y se hace cada vez menos denso, hasta desaparecer. La utilización en sentido figurado mantiene algo de esta condición de *estar en el aire* o *en el ambiente*: lo empleamos por ejemplo asociado con *ilusión, duda, sospecha*, pero no diríamos que *una confusión se disipa*, sino en todo caso que *desaparece*. En este caso, me parece más ágil cambiar por completo la manera de formularlo: *Reina entre ellos una confusión babilónica sin remedio.*

Man hat den Ästheten weidlich geschmäht und ihn als Parasiten der bürgerlichen Lebensordnung hingestellt. Und doch war das ästhetische Empfinden die schmale Öffnung, die den Gedanken einließ, daß die Dichtung wie die Kunst überhaupt eine eigene Wahrheit hätten...

(Karl August Horst, Strukturen und Strömungen..., p. 54)

Se ha denigrado de firme a los estetas y se les ha presentado como parásitos del orden social burgués. Y sin embargo, el sentir estético era el *estrecho* orificio que dejaba entrar el pensamiento *de que la poesía, como todo el arte, tiene una verdad propia...*

(Karl August Horst, Caracteres y tendencias..., p. 54)

La traducción recoge el sentido metafórico que supone la comparación del *sentir estético* con un *estrecho orificio* que *deja entrar algo* para significar que este sentir estético permite o hace posible la existencia de un pensamiento o de una idea. Sin embargo, en castellano no resulta demasiado elegante esta versión. Conviene buscar una alternativa: *...sin embargo, el sentir estético era el estrecho orificio que abría paso a la idea de que la poesía...*

Capítulo quinto

Cuestiones de estilo

5.1. Cambio de registro

Al visitante de la República Federal de Alemania se le recomienda dirigirse a las oficinas indicadas para establecer así un contacto directo. A tal efecto se incluye al final de este documento un amplio listado de direcciones. Debido a la estructura federalista de la República Federal de Alemania, la ciencia del deporte, la educación física y la administración del deporte no conforman un sistema unificado, impidiéndole así al foráneo en demanda de información el poder recurrir a una oficina central para las tres áreas.

(Traducción de un folleto informativo sobre el deporte en la RFA)

Habrá percibido el lector, a través de una somera lectura del texto arriba reproducido, que el *tono* del mismo no es adecuado al tipo de texto en cuestión: es de una complicación formal más propia del rebuscado lenguaje burocrático empleado en los escritos oficiales de los despachos ministeriales que de un folleto sobre el deporte destinado a la información del extranjero. Decimos entonces que el traductor ha confundido el *registro*. Es conveniente acomodar el lenguaje al objetivo que se persigue y buscar la sencillez. Por ello procede cambiar por completo el modo de formularlo, puesto que se ha recurrido a un registro inadecuado. A modo de ejemplo:

Recomendamos al visitante que se ponga en contacto directamente con la oficina más indicada (véase listado anexo). El hecho de que

la RFA sea una federación explica que el deporte en este país, en sus
tres vertientes: teórica, práctica y administrativa, no tenga un
sistema unitario, por lo que no existe una oficina central que reúna
información sobre las tres áreas.

En otros casos, el cambio de registro se produce sólo momentáneamente. Diríase que el traductor ha tenido un desliz:

«*Diese langweilige Stickerei. Gott sei Dank, daß ihr da seid.*»
«*Aber deine Mama haben wir* vertrieben», *sagte Hulda.*
«*Nicht doch. Wie ich euch schon sagte, sie wäre doch gegangen; sie*
erwartet nämlich Besuch, einen alten Freund aus ihren
Mädchentagen *her...*

(Theodor Fontane, *Effi Briest...*, p. 8)

—*¡Qué aburrimiento de ganchillo, gracias a Dios que estáis aquí!*
—*Pero hemos* despachado *a tu madre.*
—*No, no, ya os lo dije antes, mi madre se habría ido de todos modos*
porque está esperando una visita, un antiguo amigo de sus tiempos
mozos.

(Theodor Fontane, *Effi Briest...*, p. 22)

En el primero de los casos resaltados, *despachar*, no resulta la
palabra adecuada, puesto que *despachar a alguien*, en el sentido
de *echar a alguien de un lugar*, presupone que ha habido una orden
imperativa y expresa por parte de quien despacha hacia quien es
despachado, y no es ésta la situación, como se desprende de la
utilización del verbo alemán *vertreiben*, que remite al significado
ahuyentar, *desplazar*, sin que haya mediado una palabra entre el
que desplaza y el desplazado. Pero al margen de estas consideraciones, *despachar* no casa con el contexto del que se desprende que
quienes hablan hacen gala de unas formas educadas, características de las mejores costumbres burguesas. Lo mismo puede decirse
del segundo caso: *tiempos mozos*, expresión que resulta aquí
demasiado desenfadada. En una conversación entre jovencitas
representantes de la alta burguesía del siglo XIX ese modo de
hablar resulta extraño, demasiado popular para la clase social que
aquéllas representan. Habría que corregir esta distorsión:

—*... gracias a Dios que estáis aquí!* —*Pero por nuestra culpa se ha ido tu madre. No, no, ya os lo dije antes... está esperando una visita, un antiguo amigo de su juventud.*

Bewerbungsunterlagen für diese DAAD-Stipendien sind von der Deutschen Botschaft, einer DAAD-Außenstelle oder direkt von der Hochschule zu erhalten. Die Bewerbung kann an allen drei genannten Stellen *eingereicht werden.*

(*Aufbaustudiengänge an Hochschulen...*, p. 13)

Los impresos para solicitar estas becas del DAAD pueden recogerse en las embajadas alemanas, en las delegaciones del DAAD o directamente en el centro de estudios superiores. La solicitud puede presentarse en cualquiera de estos sitios.

(*Ampliación de estudios...*, p. 13)

La palabra castellana *sitio* traduce el significado de la alemana *Stelle*, pero no en el mismo registro. En castellano, *sitio* se emplea en textos de carácter no oficial y mucho más aún en el lenguaje oral. Aquí resulta un vocablo demasiado pobre y de significado vago. El tono debe mantenerse formal: ...*La solicitud puede presentarse en las oficinas de cualquiera de estas instituciones.*

Aber es täuscht sich gewaltig, wer den Clown für den Mann hält, den Charmeur für den Menschen. Ledig, wie seine Freunde ihn nannten, auch seine Frau - Ledig hatte sich aus alldem ein Versteck gebaut...

(*Kultur Chronik...*, 3/1992, p. 11)

Pero se equivoca de medio a medio quien confunda al payaso con el hombre, al c h a r m e u r con la persona. Ledig, como le llamaban sus amigos, y también su mujer, se había construido...

(*Kultur Chronik...*, 3/1992, p. 11)

La expresión *de medio a medio* es más propia del lenguaje familiar que del que se emplea en un artículo-homenaje a un hombre de teatro. Propongo: *Pero quien confunda al payaso con el hombre; al c h a r m e u r, con la persona, comete un grave error.*

Zuerst lehnst auch Du jede Schuld und Verantwortung von Dir ab, darin ist also unser Verfahren das gleiche. Während ich aber dann so offen, wie ich es auch meine, die alleinige Schuld Dir zuschreibe, willst Du gleichzeitig «übergescheit» und «überzärtlich» sein und auch mich von jeder Schuld freisprechen. Natürlich gelingt Dir das letztere nur scheinbar (mehr willst Du ja auch nicht)...

(Franz Kafka, *Brief an den Vater...*, p. 71)

En primer lugar, rechazas toda culpa y toda responsabilidad, y en esto es idéntico el comportamiento de ambos. Sin embargo, mientras que yo, con toda la franqueza de que soy capaz, te doy a ti toda la culpa, tú quieres ser a la vez «supercomprensivo» y «superdelicado», y absolverme a mí de toda culpa. Esto último, naturalmente, sólo lo consigues en apariencia (tampoco aspiras a más)...

(Franz Kafka, *Carta al padre...*, p. 66)

La composición de palabras con el adverbio latino *super* como prefijo tiene larga tradición en castellano; sin embargo, la generalización abusiva de este tipo de vocablos compuestos es un fenómeno relativamente reciente. *Supercomprensivo* y *superdelicado* no reflejan el modo de hablar o escribir propio del joven Kafka. Probablemente ha influido en esta traducción el mimetismo morfológico al que se tiende fácilmente y al que me he referido ya anteriormente en el capítulo 2.2.

Aunque el entrecomillado de Kafka hiciera referencia al carácter inhabitual de la palabra que utiliza, es evidente que el efecto que ésta produce sobre el lector de hoy no es el mismo que el que producía sobre el contemporáneo de Kafka, por lo que hay que buscar otra fórmula; pero a mi entender, las comillas no expresan más que el hecho de que el talante comprensivo y delicado del padre es una actitud fingida, lo cual el propio contexto se encarga de confirmar. Propongo: ... *tú quieres ser a la vez «comprensivo con exageración» y «delicado con exageración», y absolverme a mí...*

In der Konsequenz des monarchischen Prinzips lag es, daß der König, kraft der Fülle seiner Staatsgewalt, eine Verfassung e r - l i e ß , d. h. durch einseitigen Akt die grundlegende politische Entscheidung traf, welche die Verfassung ausmacht, als Träger der verfassunggebenden Gewalt, aber ohne damit seine *verfassunggebende* Gewalt aus der Hand *zu* geben. *Die Verfassung war dann kein Vertrag, sondern ein vom König erlassenes G e s e t z.*

(Carl Schmitt, *Verfassungslehre...*, p. 52)

Como consecuencia del principio monárquico, el rey, por virtud de la plenitud de su poder, e m i t í a una Constitución, es decir, tomaba unilateralmente la decisión política fundamental en que consistía la Constitución, como sujeto del Poder constituyente, pero sin *soltar con ello* este Poder *constituyente. La Constitución no era, pues, un pacto, sino una l e y promulgada por el rey.*

(Carl Schmitt, *Teoría de la Constitución...*, p. 73)

La locución alemana *etwas aus der Hand geben* se utiliza en el lenguaje coloquial, pero no se acerca tanto al lenguaje de los bajos fondos como la expresión castellana *soltar algo*, en el sentido de *dejar algo y entregarlo a otro* (p. ej. en *soltar la pasta*). En un texto que versa sobre la historia de la Constitución, esta expresión está fuera de lugar. Hay que recuperar el registro que el texto exige: *...pero sin renunciar con ello a este Poder constituyente...*

5.2.   Vicios contra la sencillez

Son diversas las razones por las que puede afearse el estilo, pero casi todas tienen el denominador común de atentar contra la sencillez: la expresión es a menudo poco concisa; a veces porque —ocupados con los detalles de problemas de traducción más aparatosos— no prestamos la suficiente atención al estilo, otras porque quien traduce se deja llevar por el falso convencimiento de que el texto va a parecer más culto, si recurre a circunloquios de todo tipo, si echa mano de expresiones ampulosas o si utiliza un léxico o una expresión pedantes, etc. Todo ello complica el lenguaje innecesariamente. Veamos algunos ejemplos:

5.2.1. *La elegancia de la concisión*

Los ejemplos que siguen pecan en algún punto de innecesariamente enrevesados:

> *Es enthält Verpflichtungen auf all jene Werte, die das Wesen der westlichen Demokratie ausmachen...*

> *...que contiene compromisos* con respecto a *todos aquellos valores que constituyen la esencia de las democracias occidentales...*

> (*Scala*, 7/diciembre de 1990, p. 3)

Más conciso y elegante resultaría escribir: *...que contiene compromisos relativos a todos aquellos valores...*, o aún más simple: *que contiene compromisos con todos aquellos valores...*

> «*Trimm dich* durch *Sport*»

> (Folleto informativo sobre el deporte en la RFA)

> «*Ponte en forma* a través de*l deporte*»

Se ha recurrido a un circunloquio innecesario, provocado por la asociación fácil *durch = a través de* (véase al respecto el capítulo 2.1: *La importancia de las menudencias*). Debiera decir: «*Ponte en forma con el deporte*».

> *Fronthaus, Seitenflügel und Kirchhofsmauer bildeten ein einen kleinen Ziergarten umschließendes Hufeisen, an dessen offener Seite man eines Teiches mit Wassersteg und angeketteltem Boot*

und *dicht daneben einer Schaukel gewahr wurde, deren horizontal gelegtes Brett zu Häupten und Füßen an je zwei Stricken hing...*

(Theodor Fontane, *Effi Briest...*, p. 5)

Fachada principal, ala lateral y tapia de camposanto formaban una herradura que rodeaba un pequeño jardín en cuyo espacio abierto se distinguía un estanque con un embarcadero y un bote amarrado, así como, *muy cerca del mismo, un columpio cuya tabla horizontal pendía por arriba y por abajo de sendas cuerdas...*

(Theodor Fontane, *Effi Briest...*, pp. 19-20)

Más concisamente diríamos: *...se distinguía un estanque con un embarcadero y un bote amarrado, y muy cerca del mismo, un columpio...*

Wir unterhielten uns ein anderes Mal über Proust ...dann über russische Kulturpolitik: das «Bildungsprogramm» für die Arbeiter, aus dem heraus *man ihnen die ganze Weltliteratur nahe zu bringen suche...*

(Walter Benjamin, *Moskauer Tagebuch...*, p. 56)

En otra ocasión hablamos de Proust... luego, sobre política cultural rusa, el «programa educativo» para los obreros, partiendo del cual *se les intenta hacer llegar toda la literatura universal.*

(Walter Benjamin, *Diario de Moscú...*, p. 49)

Resultaría mucho menos rebuscado escribir: *...sobre política cultural rusa, el «programa educativo» para los obreros, con el que se les intenta dar a conocer...* (véase también el capítulo 3.1.1., *Las proposiciones de relativo*).

In ihren Augen verklärt sich dieser Mann alsbald zum mystischen Seher, zur Idealgestalt des Liebhabers, der Freund und Vater zugleich ist, *Berater und Beschützer, Partner und Pendant.*

(*Kultur Chronik...*, 3/1992, p. 16)

*A sus ojos este hombre se transfigura de inmediato en un vidente
místico, en la figura ideal del amante que es al mismo tiempo padre
y amigo, consejero y protector, compañero y colega.*

(*Kultur Chronik...*, 3/1992, p. 16)

También en esta ocasión se malgastan palabras, probablemente por influencia de la construcción alemana. En castellano, sería
preferible:...*este hombre se transfigura de inmediato en un vidente
místico, en la figura ideal del amante, a la vez padre y amigo...*

*So soll unter anderem «durch gesetzliche oder administrative
Vorgaben» das Studium einschließlich Examen nach dem Modell
des Wissenschaftsrates im Durchschnitt auf vier Jahre und drei
Monate begrenzt sowie Stoffülle, Semesterwochenstundenzahl und
Prüfungsumfang reduziert werden.*

(In Press, *Bildung und Wissenschaft*, Nr. 7/8, p. 3)

*Con arreglo al modelo del Consejo de Ciencia y a través de «dispo-
siciones legales y administrativas», los estudios y el correspondiente examen final deberán* quedar limitados *a cuatro años y tres
meses, reduciéndose al propio tiempo el programa de enseñanza, el
número de horas de clase por semana y semestre, así como el
volumen de los exámenes.*

(In Press, *Educación y Ciencia*, nº 7/8..., p. 3)

Resulta más elegante escribir simplemente:...*deberán limitar-
se a cuatro años y tres meses...*

*Das Hotel hat keine Küche, so daß man nicht einmal eine Tasse Tee
haben kann. Und als wir einmal, am Vorabend des Tages, da wir
zu Daga fuhren, darum baten, geweckt zu werden, entspann sich
zwischen dem Schweitzer (das ist der russische Name für den
Hoteldiener) und Reich eine shakespearische Unterhaltung über
das Motiv «wecken».*

(Walter Benjamin, *Moskauer Tagebuch*..., p. 60)

El hotel no tiene cocina, por lo que ni siquiera se puede pedir una taza de té. Y una vez que pedimos que nos despertasen, la víspera del día en que fuimos a ver a Daga, entre el s c h w e i t z e r *(éste es el nombre ruso de los empleados de hotel)* y Reich tuvo lugar una conversación *shakespeariana sobre el tema «despertar».*

(Walter Benjamin, *Diario de Moscú*..., p. 52)

Resulta menos alambicado: ...*la víspera del día en que fuimos a ver a Daga el s c h w e i t z e r*... *y Reich sostuvieron una conversación*..., o bien: ...*la víspera del día en que fuimos a ver a Daga el s c h w e i t z e r*... *y Reich se enzarzaron en una conversación*...

So deutet Stendhal im Vorwort zu seinem Roman «Lucien Leuwen» eine Alternative an, die Bildung in das Ermessen persönlicher Neigung stellt, da wohl die politische Notwendigkeit für den Sieg der demokratischen Idee sprechen mag, während der Geschmack für die geistige Verfeinerung des «ancien régime» votiert.
Das heißt: so wünschenswert *die soziale Gerechtigkeit,* wie sie *ein demokratisches Regime in Aussicht stellt, auch sein mag, so wenig wünschenswert ist es für den Gebildeten, unter einem solchen Regime zu leben.*

(Karl August Horst, *Strukturen und Strömungen*..., p. 50)

Stendhal, en el prólogo a su novela «Lucien Leuwen», apunta una alternativa que deja la formación al criterio de la inclinación personal, pues la necesidad política puede abogar por la victoria de las ideas democráticas, mientras que el gusto vota por el refinamiento espiritual del «ancien régime».
Es decir, por muy digna de desear *que sea* la justicia social tal como la *promete un régimen democrático, no lo es tanto para un hombre culto vivir sometido a tal régimen.*

(Karl August Horst, *Caracteres y tendencias*..., p. 50)

De nuevo parecen ser la morfología de las palabras de la lengua original (*digna de desear*) y/o la asociación demasiado inmediata con los significados más extendidos o más arraigados en la memoria del traductor (*tal como*) las causas del abarrocamiento de la redacción castellana (véanse los capítulos 2.1. y 2.2.).

En el primer caso, la correspondencia *wünschenswert = digna de desear* parece indicar que la palabra alemana se percibe como voz compuesta de dos lexemas dotados de vida autónoma: *wünschen* y *Wert*, esta última no con valor de sufijo. Probablemente sea ésta la razón por la cual se haya traducido *digna de desear* y no, por ejemplo, *deseable*.

En el segundo caso, es la asociación inmediata *wie = como, tal como*, probablemente predominante, lo que fuerza toda la estructura castellana, que no resulta fluida. En castellano diríamos sencillamente: ...*Es decir, por muy deseable que sea la justicia social que promete un régimen democrático*...

> *Ferner sind 133,3 Millionen für Investitionen ... vorgesehen. In den Jahren 1993 und 1994 sollen damit kleinere Baumaßnahmen ... finanziert werden ... Der Gesamtbetrag der für diesen Zweck zur Verfügung gestellten Gelder steige damit auf 653,3 Millionen DM.*

(In Press, *Bildung und Wissenschaft* Nr. 7/8, p. 4)

> *Además se prevén 133,3 millones de marcos con los que se financiarán en 1993 y 1994 inversiones menores... La suma total puesta a disposición para estos fines asciende así a 653,3 millones de DM.*

(In Press, *Educación y Ciencia* nº 7/8, p. 4)

La tendencia a la traducción literal hace dar un rodeo al traductor para expresar lo que en castellano diríamos simplemente: ...*La suma total destinada a estos fines asciende*...

5.2.2. La redundancia

Todos sabemos que cuando decimos *María* **subió** o *María* **bajó** a nadie le queda la menor duda sobre la dirección en que va María respecto de la persona que habla. Sin embargo, es muy frecuente decir o escribir *María* **subió arriba** o *María* **bajó abajo**, lo cual es innecesario y resulta descuidado, ya que es índice de poca sensibilidad lingüística. Algunas redundancias son tan cotidianas que casi pasan desapercibidas; así cuando escribimos o leemos *mendrugo de pan, dar un portazo en la puerta, peluca postiza*, etc. Los textos traducidos no están exentos de tales vicios lingüísticos:

> *Musik paßt zu diesen kahlen Wänden sehr schlecht. Aber Asja scheint das monotone Gezupfe nicht sehr zu stören. Sie liegt gewöhnlich, wenn wir kommen, auf dem Bett.*
>
> (Walter Benjamin, *Moskauer Tagebuch…*, p. 68)

> *La música no está nada a tono con estas frías paredes; pero a Asia no parece molestarle demasiado ese punteado tan monótono. Cuando llegamos, ella* suele *estar, normalmente, echada en la cama.*
>
> (Walter Benjamin, *Diario de Moscú…*, p. 59)

Soler implica repetición, costumbre; por tanto, la idea de la frecuencia está expresada dos veces, a través de *soler* y de *normalmente*. Hay que eliminar una de las dos: *Cuando llegamos, ella suele estar echada en la cama.*

> *Noch ein paar Worte zu einigen Worten und Werten, die uns da angepriesen werden: etwa die Familie, die deutsche Familie.*
>
> (Heinrich Böll, *Vorwort*, in: Petra Kelly, *Um Hoffnung kämpfen…*, p. 11)

> *Unas palabras más aún sobre algunos vocablos y valores que nos pregonan por ahí: por ejemplo, la familia, la familia alemana.*
>
> (Heinrich Böll, *Prólogo*, en: Petra Kelly, *Luchar por la esperanza…*, p. 10)

Mejor sería: *Unas palabras más sobre… / Quiero añadir algo sobre…*

> *Die geschichtlich politische Bedeutung der «Grundrechte und Grundpflichten der Deutschen» von 1919 ist also eine andere, als*

*die jener Proklamationen von 1789 oder 1918. Doch haben die im
zweiten Hauptteil der Weimarer Verfassung aufgestellten Prinzipien
für das Verfassungs- und Staatsrecht des Deutschen Reiches
grundlegende Bedeutung.*

(Carl Schmitt, *Verfassungslehre...*, p. 162)

*La significación política histórica de los «Derechos y deberes funda-
mentales de los alemanes» de 1919 es, pues, distinta de la de
aquellas proclamaciones de 1789 o de 1918.* Pero, no obstante, *los
principios establecidos en la segunda parte de la Constitución de
Weimar tienen una significación fundamental para el Derecho
constitucional y político del Reich alemán.*

(Carl Schmitt, *Teoría de la Constitución...*, p. 168)

Es evidente que sobra una de las dos conjunciones adversativas:
*Pero los principios establecidos en la segunda parte de la Constitu-
ción de Weimar...*, o bien: *No obstante, los principios...*

*Wenn wir so vorgehen, werden wir auf zwei Typen aufmerksam, die
wir nach ihrer vorwiegend aktiven oder vorwiegend medialen
Veranlagung* voneinander unterscheiden *können.*

(Karl August Horst, *Strukturen und Strömungen...*, p. 58)

Si procedemos así, observaremos dos tipos, que podremos distinguir uno de otro *según su disposición predominantemente activa o
predominantemente mediadora.*

(Karl August Horst, *Caracteres y tendencias...*, p. 58)

En castellano es redundante, en este contexto, traducir *distinguir uno de otro.* Los *dos tipos* se acaban de mencionar y la
proposición de relativo remite claramente a ellos. Se trata de una
adaptación forzada del alemán *voneinander unterscheiden.* La
traducción gana eliminando *uno de otro: Si procedemos así, observaremos dos tipos, que podremos distinguir según su... / ...que
podremos diferenciar...*

Die Überlastung der Hochschulen wird von den Finanzministern nicht mehr bestritten. Erwartet wird ein weiterer Anstieg *der Studentenzahlen.*

(In Press, *Bildung und Wissenschaft*, Nr. 7/8..., p. 3)

Los ministros de Hacienda ya no niegan la sobrecarga de los centros de enseñanza superior, y aún se espera que el número de estudiantes siga aumentando todavía más.

(In Press, *Educación y Ciencia*, nº 7/8..., p. 3)

Si algo *sigue aumentando* es que hasta el momento en que se habla aún no ha parado de crecer, de modo que *todavía más* es redundante. Si se suprime, el sentido queda intacto: *...y aún se espera que el número de estudiantes siga aumentando.*

5.2.3. *Expresiones y construcciones pedantes*

Pepe Carvalho, el protagonista de las novelas policíacas de Manuel Vázquez Montalbán, describe el lenguaje que usa otro de los personajes del siguiente modo:

> *...un castellano forzado para evitar las relajadas vocales catalanas, falsamente acastizado para estar a la altura de las gentes importantes de Madrid:*
> *—Me han explicao... he constatao... se ha cerrao y toda la jerga lingüística de joven ejecutivo: por supuesto, en base a, a nivel de, eso está hecho.*

(Manuel Vázquez Montalbán, *La soledad del manager...*, p. 66)

Decimos de alguien que es pedante cuando hace ostentación presuntuosa e inoportuna de sus conocimientos. Así el lenguaje de alguien resulta pedante cuando hace uso de extranjerismos como *rol* por *papel*, *chance* por *oportunidad*, *handicap* por *obstáculo*, etc. La pedantería es afectada y sobre todo ridícula, tanto más cuanto que con frecuencia los conocimientos de los que, consciente o inconscientemente, se hace gala se aplican de un modo improcedente. Rafael Sáchez Ferlosio nos sirve un ejemplo muy ilustrativo de esta pedantería cuando en una conversación telefónica en la que Gumersindo, un viejo guardia civil afanoso de cumplir intachablemente con el deber, tiene que comunicar al juez que una muchacha se ha ahogado en el Jarama:

> *—Pues mire usted... o sea, que en la tarde de hoy se ha producido un ahogamiento, de cuyo ahogamiento ha resultado siniestrada una joven, según indicios vecina de Madrid, que se sospecha asistía a los baños, en compañía de...*

Y más adelante, cuando informa de su conversación telefónica con el juez y da instrucciones a la concurrencia sobre lo que es conveniente hacer:

> *—Bueno, escuchen ustedes: acabo de ponerme en contacto con la Autoridad; al señor Secretario del juzgado le he dado el parte del sucedido, y me ha anunciado que el señor Juez y él se harán presentes en este lugar dentro de tres cuartos de hora a lo sumo. Se lo comunico a ustedes al objeto de que no estén impacientes y sepan lo que hay. Nada más. Pueden irse vistiendo.*

> (Rafael Sánchez Ferlosio, *El Jarama...*, pp. 383-384)

La necesidad que siente Gumersindo de hablar con absoluta corrección un castellano que él supone culto, como le corresponde al uniforme y a su cargo, le induce a tomar como modelo el lenguaje de la burocracia oficial aprendido a trancas y barrancas en las oficinas del cuartel y a alardear por doquier de un castellano que en su boca acaba por no ser ni lenguaje burocrático ni de la calle. El resultado es, como se ve, un personaje ridículo, cómico.

Así pues, hay quien por dar a su expresión un aire presumiblemente más correcto dice o escribe por doquier locuciones tales como *en base a, a nivel de*; o neologismos como *constatar* por *comprobar, ofertar* por *ofrecer, explicitar* por *poner de manifiesto, posicionamiento* por *posición* o *actitud, impactante* por *impresionante* etc., o construcciones sintácticas foráneas como *estar siendo*

+ *participio*, entre otras. Por lo general, el uso de tales expresiones no está tan determinado por la influencia de la lengua original como por el hábito adquirido al redactar o al hablar en la lengua terminal, aunque en ocasiones aquélla las facilita:

> *Asja erinnerte an meine Absicht, gegen die Psychologie zu schreiben und ich hatte von neuem* festzusstellen, *wie sehr bei mir die Möglichtkeit, solche Themen in Angriff zu nehmen von dem Kontakt mit ihr abhängt.*

(Walter Benjamin, Moskauer Tagebuch..., p. 27)

> *Asia me recordó mi intención de escribir contra la psicología y una vez más hube de* constatar *hasta qué punto depende del contacto con ella mi posibilidad de abordar tales temas.*

(Walter Benjamin, Diario de Moscú..., p. 24)

En buen español no diríamos *constatar*, sino, por ejemplo, *comprobar*. Propongo otra versión, que corrige de paso otros aspectos del párrafo: ...*y una vez más pude comprobar hasta qué punto la ocasión de abordar tales temas depende para mí de mi relación con ella.*

> *Der Verfasser* weiß sich *dem von Hans Bürgin und Hans-Otto Mayer zusammengestellten umfangreichen Werk «Thomas Mann. Eine Chronik seines Lebers»* verpflichtet, *auch wenn...*

(Herbert Wiesner, Thomas Mann und seine Zeit..., p. 36)

> *El autor* constata *agradecido haber utilizado como fuente la amplia obra «Thomas Mann. Crónica de una vida», recopilada por Hans Bürgin y Hans-Otto Mayer, aun cuando...*

(Herbert Wiesner, Thomas Mann y su época..., p. 36)

En general, *constatar* se utiliza como sinónimo pedante de *comprobar* o de *hacer constar*, como en este caso o el que hemos visto anteriormente. De nuevo propongo cambiar por completo la redacción del párrafo, pues la versión española resulta muy abarrocada y no recuerda en absoluto la fórmula española al uso en este tipo de situaciones de agradecimiento: _El autor quiere hacer constar su agradecimiento a Hans Bürgin y Hans-Otto Mayer por su obra «Thomas Mann. Crónica de una vida», que le ha sido de gran utilidad..._

> _Die Absolventenstatistik des Jahres 1989_ zeigt: _Etwa 46 Prozent der Studierenden verlassen die Hochschule mit einem Universitätsdiplom, weitere 32 Prozent mit dem Diplom einer Fachhochschule._

> (In Press, _Bildung und Wissenschaft_ Nr. 7/8..., p. 6)

> _La estadística de licenciados del año 1989_ evidencia _que un 46 por ciento de los estudiantes abandona la universidad con un diploma universitario y un 32 por ciento con un diploma de escuela superior especializada._

> (In Press, _Educación y Ciencia_ nº 7/8..., p. 6)

En buen castellano diríamos por ejemplo: _La estadística de licenciados del año 1989 muestra que..._

> _Außer Deutschen wurden über 800 Personen aus etwa 30 verschiedenen Ländern gefangengesetzt, weil sie Bewohnern der DDR_ Fluchthilfe leisteten.

> _Fueron encarceladas más de 800 personas de unos 30 países, sin contar Alemania, que_ posibilitaron la fuga _a ciudadanos alemanes de la Zona de Ocupación Soviética._

> (_Es geschah an der Mauer..._, p. 77)

Resulta más natural decir o escribir _hacer posible_ que _posibilitar_, aunque aquí es mejor cambiar por completo el giro: _...que ayudaron a huir a ciudadanos..._

Pero, además de ser un ejemplo de _expresión pedante_, este texto constituye una muestra de traducción típica de los años en que también en esta profesión se hacían sentir los efectos de la guerra fría: La RDA (DDR) se convierte en la traducción en _Zona de Ocupación Soviética._

*Die Studiengänge schließen entweder mit einem akademischen
Grad (Diplom, Magister oder Lizentiat) oder mit einem Zertifikat
ab, das die erfolgreichte Teilnahme bescheinigt. Sie führen nicht
automatisch zu einem höheren akademischen Grad, sondern dienen
häufig der Spezialisierung und Vertiefung.*

(Aufbaustudiengänge an Hochschulen..., p. 11)

*Los estudios en cuestión concluyen con un grado académico (Diplom,
Magister o Lizentiat) o bien con un certificado acreditativo del
aprovechamiento. Por lo general, la cualificación adquirida no es
superior al título otorgado a la conclusión de la primera carrera.
Los cursos de posgrado sirven a menudo a la especialización y a la
profundización.*

(Ampliación de estudios..., p. 12)

La construcción alemana *dienen + dativo* parece haber facilita-
do la utilización castellana del galicismo sintáctico. Propongo la
alternativa: *Por lo general, la cualificación adquirida no es
superior al título otorgado al finalizar la primera carrera. Los
cursos sirven generalmente para obtener un mayor grado de especialización y profundizar en los conocimientos. O bien: Los cursos
proporcionan una mayor especialización y contribuyen a ampliar
los conocimientos.*

5.2.4. *Expresiones rimbombantes*

Es conveniente evitar el lenguaje hinchado y grandilocuente
cuando, por razones de fidelidad estilística, no sea absolutamente
necesario:

*Mit der Entfernung der künstlerisch z.T. wahrscheinlich zum
großen Teil —nach den verbliebenen Barockaltären zu schließen—
wertlosen Inneneinrichtung, ist das bunte vegetabilische Geschlinge,
das durch alle Gänge und Wölbungen als Wandmalerei fortwuchert,
hoffnungslos bloßgestellt...*

(Walter Benjamin, Moskauer Tagebuch..., p. 37)

Al despojarlo de su decoración interior, en parte artística, pero en su mayor parte carente de valor —a juzgar por los altares barrocos conservados—, la maraña vegetal y multicolor que prolifera por pasillos y bóvedas, como si de pintura mural se tratase, queda desconsoladoramente puesta en ridículo...

(Walter Benjamin, *Diario de Moscú*..., p. 33)

En el texto alemán es kitsch la decoración que se describe, pero no el lenguaje empleado en la descripción. Decir que algo *queda* **desconsoladoramente** *puesto en ridículo* resulta demasiado afectado. Además, el sentido que recoge la traducción tanto para *hoffnungslos = desconsoladoramente*, como para *bloßstellen = poner en ridículo* no es correcto en este contexto. La palabra *bloßstellen* puede significar también *poner al descubierto* (véase al respecto el capítulo 2.3.), y es éste el sentido que hay que darle aquí, como lo confirma el hecho de que el edificio haya sido *despojado de su decoración interior.* Por otro lado, se ha producido una superposición de las expresiones *poner en ridículo* y *quedar en ridículo,* ambas son correctas, pero no diríamos que algo *queda puesto en ridículo,* del mismo modo que puede decirse *poner al descubierto* o *quedar al descubierto,* pero no que algo *queda puesto al descubierto.* Propongo: *...queda al descubierto sin remedio...* / *...queda fatalmente al descubierto...*

Um das gemeinsame Papier, über das sich der Präsident der Kultusministerkonferenz (KMK), der saarländische Wissenschafts-minister Diether Breitenbach und der Vorsitzende der Finanzmi-nisterkonferenz (FMK), der nordrhein-westfälische Finanzmini-ster Heinz Schleußer verständigt haben, war über ein Jahr lang heftig gerungen worden.

(In Press, *Bildung und Wissenschaft*, Nr. 7/8..., p. 3)

Durante todo un año se había discutido vehementemente *sobre los distintos puntos de la declaración, en la que finalmente coincidie-ron el presidente de la Conferencia de los Ministros de Educación (KMK), el ministro de Ciencia del Sarre, Diether Breitenbach, y el presidente de la Conferencia de los Ministros de Hacienda del Land Renania del Norte-Westfalia, Heinz Schleusser.*

(In Press, *Educación y ciencia*, n° 7/8..., p. 3)

Los términos con que se hace referencia a la fase previa al acuerdo político, *discutir vehementemente*, resultan inadecuados por exagerados. Además, el adverbio resulta casi ridículo por la cantidad de *es* que acumula, lo que afea la expresión. Hubiera sido más apropiado escribir: *Tras un año de duras negociaciones sobre los distintos puntos de la declaración llegaron finalmente a un acuerdo...*

Por otro lado, conviene sustituir también la palabra *conferencia*, traducción de la palabra alemana *Konferenz*, por tratarse de uno de los típicos falsos amigos: *Tras una año de duras negociaciones, el presidente del Consejo de Ministros de Educación (KMK), el ministro de Ciencia del Sarre, Diether Breitenbach, y el presidente del Consejo de Ministros de Hacienda del Land Renania del Norte-Westfalia, Heinz Schleusser, llegaron finalmente a un acuerdo sobre los distintos puntos de la declaración.*

Konrad Lorenz refiere sus experimentos con chovas o grajillas recién nacidas del siguiente modo:

> *Wenn ich sie aus den Nestern nahm, um sie mit Rossittener Aluminiumringen zu kennzeichnen, war es nämlich nicht zu vermeiden, daß mich die alten Dohlen sahen und ein wüstes Schnarrkonzert anstimmten. Wie es aber anstellen, daß die Vögel durch die Maßnahme des Beringens mich nicht für immer scheuen was meine Arbeiten* unermeßlich *behindert hätte? Die Lösung war einfach: Verkleidung. Aber welche?*

(Konrad Lorenz, Er redete mit dem Vieh..., p. 142)

> *Cuando las cogía del nido, para colocarles en una pata la anilla de aluminio que las caracterizaría, era imposible evitar que me vieran los pájaros adultos y que iniciaran el consabido concierto. ¿Cómo lograr, pues, que la maniobra del anillado no fuera causa de que las aves me tuvieran miedo ya para siempre? De ocurrir así, mis estudios se habrían dificultado en un grado inconmensurable. La solución era sencilla: un disfraz. ¿Pero cuál?*

(Konrad Lorenz, Hablaba con las bestias..., p. 232)

La expresión *en un grado inconmensurable* es desmesurada y complicada para la sencillez de lo que se quiere decir: *...De ocurrir así, mis estudios se habrían dificultado enormemente...*, o bien: *...se habrían complicado muchísimo...*

> *Lothar de Maizière, unlängst fünfzig Jahre alt geworden, aber war früher als andere auf Reformkurs. Bereits im September vergangenen Jahres hatte er einen grundlegenden Wandel der in SED-Hörigkeit erstarrten Partei gefordert.*

> *Lothar de Maizière, quien hace poco cumplió 50 años, se manifestó en favor de reformas antes que otros. Ya en septiembre del año pasado había exigido un cambio fundamental en su partido, hasta ese momento encadenado por el SED.*

(*Scala*, 3/abril de 1990, p. 9)

La palabra *encadenado* de la versión española confiere al texto un dramatismo rayano en lo folletinesco. Propongo un tono más ecuánime: *...había exigido un cambio radical en su partido, que hasta el momento había estado sometido a los dictados del SED.*

5.3.   La pobreza léxica

Al traducir, como al redactar cualquier texto, debe cuidarse la riqueza del léxico. Especialmente en zonas bilingües, se habla y escribe utilizando un acervo léxico muy limitado que se manifiesta con frecuencia en el uso reiterado de verbos polisémicos como *tener, haber, hacer, ser*, etc., o de sustantivos como *tema, cuestión, cosa* o *tío* (en la acepción moderna generalizada que ha adquirido la palabra). Otras veces repetimos palabras etimológicamente emparentadas: *tuvo **ocasión** de mostrarle su agradecimiento, lo cual **ocasionó** que...* Es importante cuidar la gama de matices semánticos para conseguir una mayor precisión. Compárese la diferencia entre:

tener un cargo / desempeñar un cargo
haber una fiesta / celebrarse una fiesta
hacer estragos / causar estragos
ser un éxito / resultar un éxito

En traducción:

Ich war nicht allzu aufgeregt. Da tritt mir, während ich aus dem weißrussisch-baltischen Bahnhof trete, Reich entgegen. Der Zug war ohne *eine Sekunde* Verspätung eingetroffen.

(Walter Benjamin, *Moskauer Tagebuch...*, p. 17)

Yo no estaba demasiado nervioso. Al salir de la estación de Bielo-rrusia me sale al encuentro Reich. El tren no había tenido *ni un segundo de* retraso.

(Walter Benjamin, *Diario de Moscú...*, p. 13)

No es incorrecto decir o escribir *tener* retraso, pero empobrece el estilo. Mejor: *llevar* retraso, retrasarse, llegar con retraso: *... El tren no se había retrasado ni un minuto / ... El tren había llegado sin un minuto de retraso.*

Ging heute zu den Getreidespeichern am Tiber. Ließ *Caebio* herausrufen *und stellte ihn auf dem Gang zur Rede.*

(Bertolt Brecht, *Die Geschäfte...*, p. 1238)

Hoy fui a los almacenes a orillas del Tiber. Hice llamar *a Cebio y traté de hablar con él.*

(Bertolt Brecht, *Los negocios del señor Julio César...*, p. 98)

Mejor: *... Mandé llamar a Cebio y traté...*

Die Sonne stand dicht über *dem östlichen Bergkamm, als wir über die Innbrücke zogen. Auf der Brücke,* gerade in der Mitte des breiten, unendlich langen Tales, hielt ich inne, eine Minute hindurch taub für das Rufen der Lehrer.*

(Stephan Hermlin, *Abendlicht...*, p. 8)

El sol se hallaba justamente *sobre los picachos de la cordillera oriental cuando cruzábamos el puente del Inn. Sobre el puente, justo en medio del dilatado e interminable valle, sordo a los gritos del maestro, me detuve un minuto.*

(Stephan Hermlin, *Luz de atardecer...*, p. 8)

Hacer uso frecuente de vocablos de la misma raíz etimológica no es elegante, pero en traducción suele ocurrir sin que nos percatemos. La coincidencia de los momentos: el de cruzar el puente y el de la situación del sol puede expresarse en castellano evitando esta repetición: *Cruzábamos el puente del Inn en el momento en que el sol se hallaba sobre los picachos de la cordillera oriental.* O bien: *Cruzábamos el puente del Inn cuando el sol...*

...er mußte sich niedersetzen ... er war im Leeren, er riß sich auf und flog den Abhang hinunter. Es war finster geworden, Himmel und Erde verschmolzen in Eins.

(Georg Büchner, *Lenz...*, p. 70)

...tuvo que sentarse ... estaba en el vacío; se levantó y voló pendiente abajo. Se había hecho oscuro, el cielo y la tierra se fundían.

(Georg Büchner, *Lenz...*, p. 54)

La estructura utilizada en la lengua de partida, verbo auxiliar + adjetivo + participio, facilita la traducción, poco elegante en castellano, *hacerse oscuro.* Mejor: *...Había oscurecido, el cielo y la tierra... / ...Había anochecido, el cielo y...*

Märchen lassen sich auf die verschiedenste Art deuten ... Doch können wir der Geschichte vom Taugenichts die Lehre entnehmen, daß in den Augen des Märchens gerade einer, der - wie es im Deutschen heißt - «nicht in die Welt paßt», zum Höchsten berufen ist.

(Karl August Horst, *Strukturen und Strömungen...*, p. 35)

Los cuentos pueden interpretarse de diversas maneras... Pero de la historia del inútil podemos sacar la conclusión de que, según el cuento, precisamente el que no se ajusta al mundo (como se dice en alemán: «nicht in die Welt paßt») ha sido llamado para las cosas más altas.

(Karl August Horst, *Caracteres y tendencias...*, p. 35)

Cosa es una palabra inexpresiva, semánticamente vacía. Casi siempre puede encontrarse un término mucho más preciso: *...ha sido llamado a cometidos más altos / a misiones más altas.*

Ich wartete mit einer gewissen Ungeduld auf den bezeichneten Tag und die ihm folgende Ausgabe der Zeitung. Während in mir das Gefühl einer unabwendbaren Niederlage sich ausbreitete, las ich die dürren Worte der Mitteilung, England sei an dem angegebenen Tage im Meer versunken.

(Stephan Hermlin, *Abendlicht...*, p. 66)

Esperé con creciente impaciencia el día señalado *y la correspondiente edición del periódico. Mientras me embargaba el sentimiento de una derrota inevitable, leí las secas frases del anuncio del hundimiento de Inglaterra en* el día señalado.

(Stephan Hermlin, *Luz de atardecer...*, p. 42)

Como se desprende del texto alemán, no existe intención por parte del autor de usar la repetición con efectos literarios; conviene pues sustituir una de las dos expresiones: *..leí la lacónica noticia del hundimiento de Inglaterra en el día previsto.*

Wie Fluck ausführte, unterscheide sich der gymnasiale Unterricht in den genannten Fächern und Bereichen von der Arbeitsweise in anderen Schulformen dadurch, daß er ... besonders auf Einsicht in Grundlagen und Verständnis von Zusammenhängen ziele.

(In Press, *Bildung und Wissenschaft* Nr. 7/8..., p. 15)

Según indicó Fluck, la enseñanza secundaria en las asignaturas citadas se diferencia de otras formas escolares por el hecho de que... tiene por finalidad familiarizar a los alumnos con nociones básicas y con la asociación de ideas.

(In Press, *Educación y Ciencia* nº..., p. 15)

Tener *por finalidad* resulta menos matizado que **perseguir** *la finalidad: ...se diferencia de la enseñanza en otro tipo de escuela en el hecho de que aquella persigue la finalidad de familiarizar...*

5.4.   Cacofonía y rimas internas

Involuntariamente surgen a veces en el primer borrador de la traducción cacofonías y rimas que afean la prosa. No se trata en estos casos de que el texto original las favorezca, sino de un fenómeno general que puede producirse siempre que se redacta por el mero hecho de que la atención de quien escribe se ocupa en primera línea de otras cuestiones que, en este momento, reclaman un mayor esfuerzo:

Er ist verstört wie ein ausgesetztes Kind, bekommt einen Nervenzusammenbruch, als Sophie für ein paar Tage das Haus verläßt...

(*Kultur Chronik...*, 3/1992, p. 16)

Se siente confuso y trastornado como un niño abandonado, tiene una crisis nerviosa cuando Sophie abandona la casa por algunos días...

(*Kultur Chronik...*, 3/1992, p. 16)

La repetición del sufijo -*ado*, característica del participio, es una rima interna con la que nos encontramos con frecuencia.

Además, en nuestro ejemplo el traductor utiliza en dos ocasiones próximas la misma palabra, una vez como adjetivo y otra como verbo: *Se siente confuso y aturdido como un niño abandonado y sufre una crisis nerviosa cuando Sophie se va de casa...*

> *Den Universitätsrichter habe ich mittelst des höflichsten Spottes fast ums Leben gebracht. Wie ich zurückkam, mein Zimmer mir verboten und mein Pult versiegelt fand, lief ich zu ihm und sagte ihm ganz* kaltblütig *mit der größten* Höflichkeit *in Gegenwart mehrerer Personen: wie ich vernommen, habe er in meiner* Abwesenheit *mein Zimmer mit seinem* Besuche *beehrt, ich komme um ihn um den Grund seines gütigen Besuches zu fragen etc.*

> (Georg Büchner, *Werke und Briefe...*, pp. 261-262)

> *Al juez de la universidad le he tomado el pelo con tanta finura que a poco se muere. Cuando a mi vuelta vi que me habían prohibido entrar en mi habitación y que estaba precintado mi secretaire, fui a él corriendo y, en presencia de varias personas, le dije con toda* sangre fría *y con la* mayor cortesía *que, según me habían dicho, durante mi* ausencia había honrado a mi habitación con su presen- cia, *que yo venía saber la razón de su bondadosa visita, etc.*

> (Georg Büchner, *Cartas...*, p. 240)

No es necesario leer el texto en voz alta para que las repetidas rimas que presenta hieran nuestros oídos. Probablemente la revisión del trabajo traducido no fue lo suficientemente atenta. Debemos corregirlas: *Cuando a mi vuelta vi que me prohibían entrar en mi habitación y que mi secretaire estaba precintado, fui corriendo a verle y en presencia de varias personas le dije impertérrito y con la mayor cortesía que, según me habían dicho, durante mi ausencia había honrado mi habitación con su visita...*

> Blutige Niederschlagung *des angeblichen «Röhm-*Putsches»; Er- mordung des össterreichischen Kanzlers Engelbert Dollfuß (* 1892)...

> (Synchronoptisch dokumentierende Zeittafel, en: Herbert Wiesner, *Thomas Mann und seine Zeit...*, p. 46)

Aplastamiento sangriento *del presunto* «pronunciamiento *de Röhm*»; *asesinato del canciller austríaco Engelbert Dollfuss (* 1892)*

(Tabla cronológica explicativa, en: Herbert Wiesner, *Thomas Mann y su época*, p. 46)

Cambiando una palabra podemos evitar la repetición de los sonidos: *Sofocación sangrienta del presunto* «*pronunciamiento de Röhm*»...

Läßt sich auf ein Erlebnismoment, *das rein* individuell *ist, eine Lehre gründen? Geht man nicht unter das Niveau des Geistes, wenn man seine Präzisionsmethoden von der Hand weist und sich einem unverantwortlichen Gefühl in die Arme wirft?*

(Karl August Horst, *Strukturen und Strömungen*..., p. 14)

¿Se puede fundamentar una doctrina en un momento vivencial *que es puramente* individual*? ¿No llega uno a estar por debajo del nivel del espíritu si rechaza sus métodos de precisión y se entrega a un sentimiento irresponsable?*

(Karl August Horst, *Caracteres y tendencias*..., p. 14)

En el capítulo 2.2., al tratar la tendencia que muestra la traducción a adaptar su léxico morfológicamente al de la lengua original, ya me he referido al hecho de que en el caso de las palabras compuestas alemanas, la tiranía formal de la lengua de partida sobre el traductor se manifiesta en el texto castellano en la propensión a verter el concepto correspondiente a través del mismo número de voces que componen la palabra alemana (excluyendo determinantes y preposiciones). Esta tendencia es tan fuerte que, en muchos casos, impide dar con los términos más elegantes y precisos de la traducción, aun cuando la cacofonía invite a corregirla, como es el caso del ejemplo mencionado donde *Erlebnismoment* se convierte en castellano en *momento vivencial* —expresión ciertamente poco afortunada—, a pesar de la cercanía del vocablo *individual*. El problema de la rima puede eliminarse sustituyendo simplemente *momento vivencial* por *vivencia: ¿Se puede fundamentar una doctrina en una vivencia que es puramen-*

te individual?, o mejor aun más simple: *...en una vivencia puramente individual? ¿Es digno del espíritu rechazar sus métodos de precisión y entregarse a un sentimiento irresponsable?*

Er lud alle Beteiligten des Zwischenfalls, Straßenmusiker ebenso wie Polizisten, in das Foyer des Konzerthauses ein, redete den Behördenvertretern ihre umständlichen Genehmigungsbedingungen *aus und* ließ dann für die Musiker sammeln...

...invitó a todos los participantes *de los* incidentes, *tanto a los músicos callejeros como a los policías, al foyer de la sala de conciertos, y consiguió que las autoridades desistieran de sus complicadas* condiciones *para otorgar* autorizaciones. *A continuación solicitó* donaciones...

(*Scala*, 3/abril de 1990, p. 46)

El traductor no se ha percatado de la insistencia en la repetición de los sonidos. Propongo por ejemplo: *...invitó a todos los que habían participado en los incidentes... y consiguió que las autoridades rebajaran sus exigencias para conceder autorizaciones. A continuación solicitó un donativo...*

Relación bibliográfica de las fuentes utilizadas por orden alfabético de autores

La relación de las fuentes bibliográficas sigue la ordenación alfabética de los correspondientes autores. En el caso de las obras originales y sus traducciones, menciono primero el original alemán y seguidamente la traducción castellana, siempre y cuando ambos no estén publicados conjuntamente en un mismo libro o revista.

Alas, Leopoldo, *Su único hijo*, ed. Salvat, Estella, 1972.

20 años de cooperación hispano-alemana en ciencia y tecnología / 20 Jahre Deutsch-Spanische Zusammenarbeit in Forschung und Technologie 1970-1990, publicado por la Oficina Internacional del Centro de Investigación Nuclear de Karlsruhe.

Aufbaustundiengänge an Hochschulen in der Bundesrepublik Deutschland, hrsg. von Deutscher Akademischer Austauschdienst, Bonn, 1992.

Ampliación de estudios en los centros de enseñanza superior de la República Federal de Alemania, comp. por el Servicio Alemán de Intercambio Académico, DAAD, Bonn, 1992.

Arjouni, Jakob, *Happy birthday Türke*, Diogenes, Zürich, 1987.

Benjamin, Walter, *Moskauer Tagebuch*, Suhrkamp, Frankfurt am Main, 1980.

Benjamin, Walter, *Diario de Moscú*, ed. Taurus, Madrid, 1987.

Böll, Heinrich, *Vorwort*, in: Petra K. Kelly, *Um Hoffnung kämpfen. Gewaltfrei in eine grüne Zukunft*, ed. Lamuv, Bornheim- Merten, 1983.

Böll, Heinrich, *Prólogo*, en: Petra K. Kelly, *Luchar por la esperanza. Sin violencia hacia un futuro verde*, ed. Debate, Madrid, 1983.

Brecht, Bertolt, *Die Geschäfte des Herrn Julius Caesar*, Gesammelte Werke, Bd. 14, Suhrkamp, Frankfurt am Main, 1967.

Brecht, Bertolt, *Los negocios del Señor Julio César*, ed. Arte y Literatura, La Habana, 1988.

Büchner, Georg, *Lenz*, in: Georg Büchner, *Werke und Briefe*, DTV, München, 1980.

Büchner, Georg, *Lenz*, ed. Montesinos, Barcelona, 1981.

Büchner, Georg, *Werke und Briefe*, Deutscher Taschenbuch Verlag, München, 1980.

Büchner, Georg, *Cartas*, en: *Obras Completas*, ed. Trotta, Madrid, 1992.

Cortázar, Julio, *Cuentos*, Hyspamérica ediciones, Barcelona, 1986.

Fontane, Theodor, *Effi Briest*, Reclam, Leipzig, 1975.

Fontane, Theodor, *Effi Briest*, Alianza, Madrid, 1983.

Hermlin, Stephan, *Abendlicht*, Reclam, Leipzig, 1983.

Hermlin, Stephan, *Luz de atardecer y otros relatos*, Arte y Literatura, La Habana, 1989.

Horst, Karl August, *Strukturen und Strömungen. Deutschsprachige Literatur im 20. Jahrhundert*, Nymphenburger Verlagshandlung, München, 1963.

Horst, Karl August, *Caracteres y tendencias de la literatura alemana en el siglo xx*, Nymphenburger Verlagshandlung, München, 1964.

In Press, *Bildung und Wissenschaft*, Inter Nationes, Bonn-Bad Godesberg.

In Press, *Educación y Ciencia*, Inter Nationes, Bonn-Bad Godesberg.

Informationen zu Sportwissenschaft, Sporterziehung und Sportverwaltung in der Bundesrepublik Deutschland (Deutsch, English, Français, Castellano), hrsg. vom Ausschuß Deutscher Leibeserzieher und vom Bundesinsstitut für Sportwissenschaft, Verlag Karl Hofmann, Schorndorf, 1986.

Jung, Carl Gustav, *Psychologische Typen*, Walter Verlag, Olten und Freiburg im Breisgau, 1976.

Jung, Carl Gustav, *Tipos psicológicos*, ed. Sudamericama, Buenos Aires, 1965.

Kafka, Franz, *Brief an den Vater*, Fischer Taschenbuch Verlag, Frankfurt am Main, 1981.

Kafka, Franz, *Carta al padre*, ed. Lumen, Barcelona, 1974.

Kafka, Franz, *Tagebücher 1910-1923*. Hrsg. von Max Brod, Fischer Taschenbuch Verlag, Frankfurt am Main, 1981.

Kafka, Franz, *Diarios (1910-1913)*, Bruguera, Barcelona, 1983.

Kelly, Petra, *Um Hoffnung kämpfen. Gewaltfrei in eine grüne Zukunft*, Lamuv Verlag, Bornheim-Merten, 1983.

Kelly, Petra, *Luchar por la esperanza. Sin violencia hacia un futuro verde*, editorial Debate, Madrid, 1984.

Kettenbach, Hans Werner, *Sterbetage*, Diogenes, Zürich, 1986.

Kultur Chronik, *Nachrichten und Berichte aus der Bundesrepublik Deutschland*, Internationes, Bonn-Bad Godesberg.

Kultur Chronik, *Noticias e informaciones de la República Federal de Alemania*, ed. Inter-Nationes, Bonn-Bad Godesberg.

Kuzdas, Heinz J., *Berliner Mauer Kunst, Berlin Wall Art, Arte en el muro de Berlín*, Elefanten Press, Berlin, 1990.

Lorenz, Konrad, *Er redete mit dem Vieh, den Vögeln und den Fischen*, Deutscher Taschenbuch Verlag, München, 1971.

Lorenz, Konrad, *Hablaba con las bestias, los peces y los pájaros*, Labor, Barcelona, 1979.

Lukács, Georg, *Die Zerstörung der Vernunft. Irrationalismus und Imperialismus*, Luchterhand, Darmstadt, Neuwied, 1983.

Lukács, Georg, *El asalto a la razón. La trayectoria del irracionalismo desde Schelling hasta Hitler*, Grijalbo, Barcelona, México, 1972.

Mann, Thomas, *Der Erwählte*, Fischer, Frankfurt am Main, 1985.

Mann, Thomas, *Mario und der Zauberer*, Reclam, Leipzig, 1983.

Thomas Mann 1875-1975, Inter Nationes, Bonn-Bad Godesberg, 1975.

Es geschah an der Mauer. hrsg. von Verlag Haus am Checkpoint Charlie Berlin, 17. Aufl., Berlin, 1990.

Mendelssohn, Peter de, *Der Schriftsteller als politischer Bürger*, in: *Thomas Mann 1875-1975...*

Mendelssohn, Peter de, *El literato ciudadano crítico*, en: *Thomas Mann 1875-1975...*

Sánchez Ferlosio, Rafael, *El Jarama*, ed. Arte y Literatura, Ciudad de La Habana, 1988.

Scala, Zeitschrift aus Deutschland, hrsg. von Werner Wirthle, Frankfurt am Main.

Scala, Revista de Alemania, comp. Werner Wirthle, Frankfurt am Main.

Schlosser, Hans, *Grundzüge der Neueren Privatrechtsgeschichte*, C. F. Müller Juristischer Verlag, Heidelberg, Karlsruhe, 1979.

Schlosser, Hans, *Perfiles de la nueva historia del Derecho privado*, ed. Bosch, Barcelona, 1980.

Schmitt, Carl, *Verfassungslehre*, Duncker & Humblot, Berlin, 1983.

Schmitt, Carl, *Teoría de la Constitución*, Alianza editorial, Madrid, 1983.

Simmel, Georg, *El individuo y la libertad*, Península, Barcelona, 1986.

Vázquez Montalbán, Manuel, *La soledad del manager*, Planeta, Barcelona, 1991.

Wiesner, Herbert, *Thomas Mann und seine Zeit*, in: *Thomas Mann 1875-1975*, Inter Nationes, Bonn-Bad Godesberg, 1975.

Wiesner, Herbert, *Thomas Mann y su época*, en: *Thomas Mann 1875-1975*, Inter Nationes, Bonn-Bad Godesberg, 1975.

Die Zeit, Wochenzeitung für Politik, Wirtschaft, Handel und Kultur.

Bibliografía

Esta relación bibliográfica recoge sólo los textos que me han servido directamente para la elaboración de este manual. No pretende ser una lista exhaustiva de las obras que puedan contribuir a la reflexión teórica de la traducción ni supone una orientación general sobre los puntos de referencia que pueden ser de utilidad en la práctica de las técnicas traslativas.

Agencia Efe, *Manual de español urgente*, Cátedra, Madrid, 1989.

Bello, Andrés, *Gramática de la lengua castellana destinada al uso de los americanos*, Arco/Libros, Madrid, 1988.

Carnicer, Ramón, *Sobre el lenguaje de hoy*, Prensa Española, Madrid, 1969.

- *Nuevas reflexiones sobre el lenguaje*, Prensa Española, Madrid, 1972.

- *Tradición y evolución en el lenguaje actual*, Prensa Española, Madrid, 1977.

Duff, Alan, *The third language. Recurrent problems of translation into English*, Pergamon Press, Oxford, 1984.

- *Translation. Resource Books for Teachers*, Oxford University Press, Oxford, 1984.

Elena García, Pilar, *Aspectos teóricos y prácticos de la traducción (alemán-español)*, Universidad de Salamanca, Salamanca, 1990.

Gil, Alberto; Banús, Enrique, *Kommentierte Übersetzungen Deutsch-Spanisch*, Romanistischer Verlag, Bonn, 1988.

Gómez Torrego, Leonardo, *Manual de español correcto*, 2 vols., Arco/Libro, Madrid, 1992.

Moliner, María, *Diccionario de uso del español*, 2 vols., Gredos, Madrid, 1984.

Queneau, Raymond, *Ejercicios de estilo*, Cátedra, Madrid, 1987.

Real Academia Española, *Esbozo de una nueva gramática de la lengua española*, Espasa-Calpe, Madrid, 1973.

Real Academia Española, *Diccionario de la lengua española*, 2 vols., Espasa-Calpe, Madrid, 1984.

Santamaría, Andrés y otros, *Diccionario de incorrecciones, particularidades y curiosidades del lenguaje*, Paraninfo, Madrid, 1984.

Seco, Manuel, *Gramática esencial del español*, Espasa-Calpe, Madrid, 1991.

- *Diccionario de dudas y dificultades de la lengua española*, Espasa-Calpe, Madrid, 1986.

Sol, Ramón, *Manual práctico de estilo*, Urano, Barcelona, 1992.